CAliMERO SII

Computer-Algebra im Mathematikunterricht:
Entdecken, Rechnen, Organisieren

Analysis
Methodische und didaktische Handreichung

Regina Bruder, Wilhelm Weiskirch † (Hrsg.)

Die Materialien entstanden im Rahmen eines Schulversuches des Landes Niedersachsen mit dem Thema *Computer-Algebra-Systeme im Mathematikunterricht der Jahrgänge 7-12 des Gymnasiums*. Ziel des Schulversuch war die Entwicklung eines vollständigen, an den niedersächsischen Kerncurricula und an den geltenden Bildungsstandards orientierten Unterrichtskonzepts für die Arbeit mit dem CAS-Rechner in den Sekundarbereichen I und II einschließlich der Erstellung von Materialien zum Einsatz von Computer-Algebrasystemen im Mathematikunterricht.
Die wissenschaftliche Begleitung erfolgte durch die TU Darmstadt, AG Fachdidaktik der Mathematik, in Verantwortung von Frau Prof. Dr. Regina Bruder.
Herr StD Wilhelm Weiskirch (†) vom Ratsgymnasium Stadthagen und Herr OStR Edmund Kronabel vom Gymnasium Papenburg koordinierten die Durchführung.
Unterstützt wurde der Schulversuch von der Firma Texas Instruments u.a. durch die Finanzierung der wissenschaftlichen Begleitung und der Arbeitstagungen.

Schroedel

Niedersachsen

CAliMERO SII

Computer-Algebra im Mathematikunterricht: Entdecken, Rechnen, Organisieren

Analysis

Methodische und didaktische Handreichung

Regina Bruder, Wilhelm Weiskirch † (Hrsg.)

Teilnehmerinnen und Teilnehmer, die an der Erstellung der Materialien beteiligt sind:

Borggreve, Peter	Gymnasium Syke
Breidert, Lutz	Gymnasium Himmelsthür
Bremeier, Ulrich	Gymnasium Syke
Dierks, Andreas	Gymnasium Himmelsthür
Hagen, Marten	Gymnasium Papenburg
Körner, Henning	Studienseminar für das Lehramt an Gymnasien Oldenburg
Kronabel, Edmund	Gymnasium Papenburg
Krüger, Ulf-Hermann	Gymnasium Syke
Lampe, Hans-Ulrich	Studienseminar für das Lehramt an Gymnasien Stadthagen
Olberding, Irmgard	Gymnasium Johanneum Lüneburg
Pinkernell, Guido	Technische Universität Darmstadt, Pädagogische Hochschule Heidelberg
Röhrkasten, Cornelia	Gymnasium Hankensbüttel
Rolfes, Rainer	Gymnasium Papenburg
Schlichting, Folkert	Studienseminar für das Lehramt an Gymnasien Göttingen
Sperlich,Thomas	Studienseminar für das Lehramt an Gymnasien Göttingen
Stenten-Langenbach, Hans-Dieter	Gymnasium Marianum Meppen
Stöber, Torsten	Gymnasium Johanneum Lüneburg
Steller, Michael	Gymnasium Himmelsthür
Suhr, Friedrich	Gymnasium Johanneum Lüneburg
Toth-Hohmann, Anja	Gymnasium Hankensbüttel
Vehling, Reimund	Studienseminar für das Lehramt an Gymnasien Hannover I
Weißmann, Karin	Gymnasium Hankensbüttel
Wichmann, Achim	Gymnasium Georgianum Lingen
Wierzyk, Barbara	Gymnasium Johanneum Lüneburg

Druck A[5] / Jahr 2014
Alle Drucke der Serie A sind im Unterricht parallel verwendbar.

Redaktion: Dr. Petra Brinkmeier
Herstellung: Reinhard Hörner
Umschlaggestaltung: piou, Jennifer Kirchhof, Braunschweig
Repro, Druck und Bindung: westermann druck GmbH, Braunschweig

ISBN 978-3-507-**73246**-9

Vorwort

Liebe Kollegin, lieber Kollege,

die Heftreihe ‚CAliMERO S II‘ ist in einem Schulversuch des Landes Niedersachsen extra zu dem Zweck entwickelt worden, ein durchgängiges Konzept für einen effektiven Unterricht mit dem Taschencomputer (TC) bereitzustellen. Obwohl die Materialien speziell auf das Niedersächsische Kerncurriculum zugeschnitten sind und sie sich hier bewusst auf den Kern fokussieren, sind sie durch eine konsequent kompetenzorientierte Herangehensweise als Materialiensammlung auch für andere Bundesländer geeignet.

Im niedersächsischen Schulversuch ‚CAliMERO‘ zeigte sich, dass ein Unterricht mit diesem Aufgabenmaterial und dem Einsatz eines TC ein Mehr an mathematischer Kompetenz erbringen kann. Es konnte auch gezeigt werden, dass durch den Einsatz des TC die Kommunikation der Schülerinnen und Schüler unterstützt und die Reflexion der eigenen Vorgehensweise gefördert wurde.

Von großer Bedeutung für eine erfolgreiche Arbeit mit einem TC ist ein ganzheitliches Unterrichtskonzept, in dem darauf geachtet wird, dass neben offenen, kreativitätsfördernden Aufgaben mit Rechnerunterstützung immer wieder auch mathematische Kompetenzen ohne Rechnereinsatz gefördert und eingefordert werden.

‚CAliMERO‘ wurde sehr erfolgreich an sechs Projektschulen und fünf Vergleichsschulen durchgeführt.

Der Einsatz von CAS-Rechnern unterstützt die Bearbeitung von komplexen und anwendungsbezogenen Problemstellungen. Der Schulversuch verbindet die Nutzung des CAS-Rechners mit gleichzeitiger Förderung notwendiger, auch hilfsmittelfrei zur Verfügung stehender Kompetenzen durch die Entwicklung und den Einsatz hilfsmittelfreier Aufgaben. Die aus der Mittelstufe bekannten Kopfübungen sollten auch in der Sekundarstufe II fortgeführt werden, da sie die Basiskompetenzen wach halten.

So finden Sie neben Aufgaben mit einem hohen Anteil an TC-Einsatz auch Aufgaben, die hilfsmittelfrei zu lösen sind. Diese Aufgaben haben allerdings nicht den Anspruch, die Inhalte des hilfsmittelfreien Teils im künftigen länderübergreifenden Zentralabitur vollständig abzudecken und gezielt darauf vorzubereiten.

Um den Schülerinnen und Schülern mehr Verantwortung für ihr eigenes Lernen zu übertragen, ist es sinnvoll, ihnen vor einer bewerteten Leistungskontrolle Gelegenheit zur Selbsteinschätzung zu geben. Mit den ‚Ich kann ...‘-Aussagen werden die zum jeweiligen Thema wichtigsten inhaltlich gebundenen Fähigkeiten und Fertigkeiten der jeweiligen Unterrichtseinheit beschrieben.

Die Aufgabensammlungen für die einzelnen Unterrichtseinheiten sind so zusammengestellt, dass sie die geforderten Kompetenzen unterstützen und fördern. Zu dem Themenheft für Schülerinnen und Schüler liegt mit diesem Heft eine Handreichung für Sie vor.

Dieses Themenheft ‚Analysis‘ deckt den Kern der folgenden Lernbereiche ab:

- Kurvenanpassung – Interpolation
- Von der Änderung zum Bestand – Integralrechnung
- Wachstumsmodelle – Exponentialfunktion

Die Behandlung der Lernbereiche kann auch in anderer Reihenfolge erfolgen. Denkbar wäre zum Beispiel, mit dem Kapitel ‚Exponentialfunktionen‘ im Jahrgang 11 zu beginnen, um diese Funktionenklasse für nachfolgende Themen wie ‚Integration‘ oder ‚Stochastik‘ zur Verfügung zu haben.

An geeigneten Stellen können Vertiefungen sinnvoll sein. Hier müssen weitere Aufgaben bereitgestellt bzw. dem Lehrbuch entnommen werden. Das Schulbuch bietet an der einen oder anderen Stelle einen weiteren Zugang zu den Themengebieten.

Bergkirchen im Dezember 2012

Neben neu entwickelten Aufgaben wurden auch Aufgaben aus den Lehrbüchern ‚Elemente der Mathematik‘ (EdM) und ‚Neue Wege‘ (NW) ausgewählt und ggf. so verändert, dass sie speziell für einen Unterricht mit dem Einsatz eines Taschencomputers geeignet sind:

Elemente der Mathematik EdM Niedersachsen 11/12 (978-3-507-87920-1)
Neue Wege Analysis II (978-3-507-85804-6)
Neue Wege Niedersachsen 11/12 (978-3-507-87970-6).
Unter www.schroedel.de Stichwort 73246 finden Sie **Downloads** ergänzender Materialien wie z. B. TI-Nspire™tns-files und Lösungsskizzen ausgewählter Aufgaben.

Übersicht

Lernbereich Kurvenanpassung – Interpolation

Lernbereich Von der Änderung zum Bestand – Integralrechnung

Lernbereich Wachstumsmodelle – Exponentialfunktion

Kurvenanpassung – Interpolation

© Pagot

CAliMERO

Computer-Algebra im Mathematikunterricht
Entdecken, Rechnen, Organisieren

Inhaltsverzeichnis

Überblick über den Unterrichtsverlauf

Stundenzahl	
3	1. Wendepunkte und ihre Eigenschaften
8	2. Synthese von Funktionen – Steckbriefaufgaben
8	3. Trassierungen
6	4. Biegelinien – Splines
6	5. Funktionenscharen
41	Summe

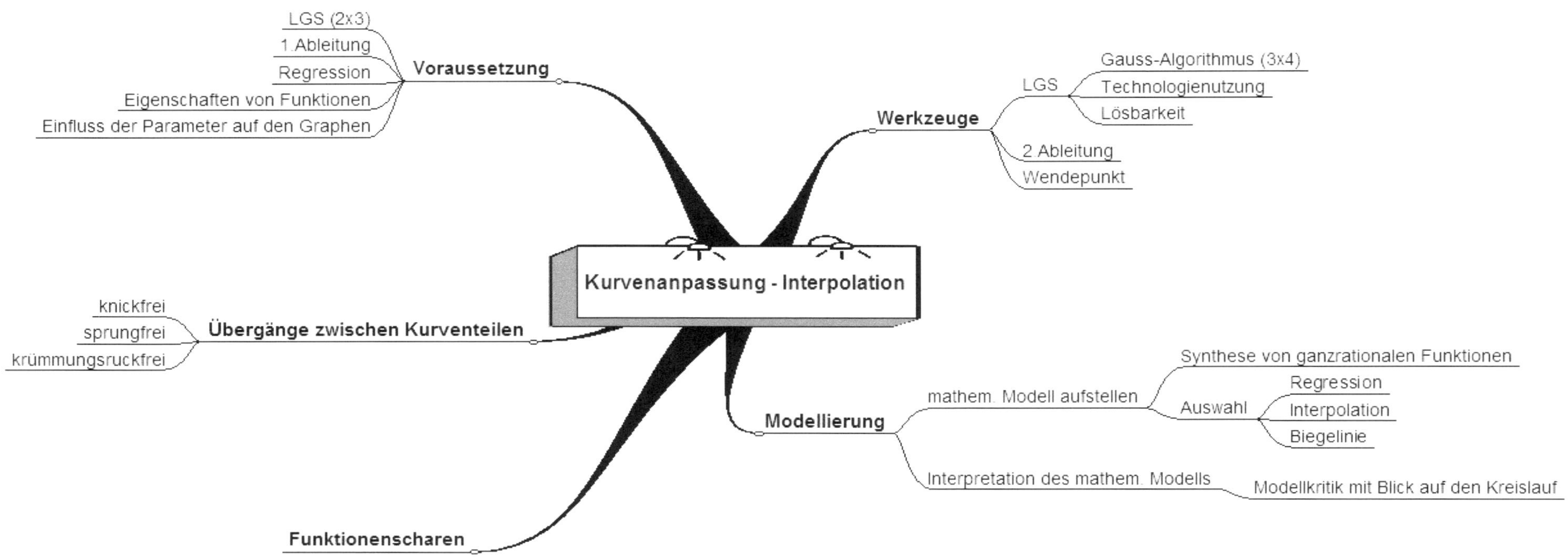
Kurvenanpassung - Interpolation
Voraussetzung
LGS (2x3)
1.Ableitung
Regression
Eigenschaften von Funktionen
Einfluss der Parameter auf den Graphen
Werkzeuge
LGS
Gauss-Algorithmus (3x4)
Technologienutzung
Lösbarkeit
2.Ableitung
Wendepunkt
Übergänge zwischen Kurventeilen
knickfrei
sprungfrei
krümmungsruckfrei
Modellierung
mathem. Modell aufstellen
Synthese von ganzrationalen Funktionen
Auswahl
Regression
Interpolation
Biegelinie
Interpretation des mathem. Modells
Modellkritik mit Blick auf den Kreislauf
Funktionenscharen

Prozessbezogene Kompetenzen

Mathematisch argumentieren	Probleme mathematisch lösen	Mathematisch modellieren	Mathematische Darstellungen verwenden	Mit symbolischen, formalen …	Kommunizieren
Die Schülerinnen und Schüler • erläutern in inner- und außermathematischen Situationen Strukturen und Zusammenhänge und stellen darüber Vermutungen auf. • vertreten eigene Problemlösungen und Modellierungen.	Die Schülerinnen und Schüler • finden in inner- und außermathematischen Situationen mathematische Probleme, formulieren diese mit eigenen Worten und in mathematischer Fachsprache. • überprüfen die Plausibilität der Ergebnisse. • beschreiben, vergleichen und bewerten Lösungswege. • wählen geeignete heuristische Strategien zum Problemlösen aus und wenden diese auch unter Nutzung der eingeführten Technologie an. • reflektieren und bewerten die benutzten Strategien.	Die Schülerinnen und Schüler • vereinfachen durch Abstrahieren und Idealisieren Realsituationen, um sie einer mathematischen Beschreibung zugänglich zu machen und reflektieren die Vereinfachungsschritte. • beschreiben Realsituationen und Realprobleme durch mathematische Modelle wie z. B. durch Funktionen, Zufallsversuche, Wahrscheinlichkeitsverteilungen, Matrizen, Koordinaten und Vektoren. • verwenden Regressionen zur Ermittlung eines mathematischen Modells. • führen mit den Verfahren der Infinitesimalrechnung, mit denen der Koordinaten- und Vektorgeometrie und/oder der Matrizenrechnung sowie mit denen der Wahrscheinlichkeitsrechnung Berechnungen im Modell durch und interpretieren die Verfahren ggf. hinsichtlich der Realsituation. • interpretieren Ergebnisse aus Modellrechnungen in der Realsituation und modifizieren ggf. das Modell. • reflektieren die Grenzen von Modellen und der mathematischen Beschreibung von Realsituationen. • ordnen einem mathematischen Modell verschiedene passende Realsituationen zu und reflektieren so die Universalität von Modellen.	Die Schülerinnen und Schüler • verwenden verschiedene Darstellungsformen von Funktionen und wechseln zwischen diesen.	Die Schülerinnen und Schüler • verwenden mathematische Symbole zum Strukturieren von Informationen, zum Modellieren und zum Problemlösen. • reflektieren deren Verwendung und übersetzen zwischen symbolischer und natürlicher Sprache. • arbeiten mit Funktionstermen, mit Gleichungen und Gleichungssystemen sowie mit Vektoren und Matrizen. • setzen die eingeführte Technologie in allen Themenfeldern als sinnvolles Werkzeug zum Lösen mathematischer Probleme ein. • belegen ihr Grundverständnis für elementare algorithmische Verfahren, indem sie diese auch ohne die eingeführte Technologie in überschaubaren Situationen ausführen. **Erhöhtes Anforderungsniveau zusätzlich:** • kennen algorithmische Verfahren und können sie anhand von Beispielen erläutern.	Die Schülerinnen und Schüler • erfassen, interpretieren und reflektieren mathematikhaltige authentische Texte. • erläutern eigene Problembearbeitungen und Einsichten sowie mathematische Zusammenhänge mit eigenen Worten und unter Verwendung geeigneter Fachsprache. • dokumentieren Überlegungen, Lösungswege und Ergebnisse auch im Hinblick auf die verwendete Technologie und stellen jene verständlich dar. • präsentieren Überlegungen, Lösungswege und Ergebnisse unter Verwendung geeigneter Medien. • verstehen Überlegungen von anderen zu mathematischen Inhalten, überprüfen diese auf Schlüssigkeit und Vollständigkeit und gehen darauf ein.

Inhaltsbezogene Kompetenzen

Leitidee: Funktionaler Zusammenhang

Funktionen eignen sich zur Modellierung einer Vielzahl von Realsituationen. Mit den Mitteln der Differenzial- und Integralrechnung werden zum einen Veränderungen beschrieben und analysiert, zum anderen Bestände rekonstruiert. Die vertiefende Behandlung von funktionalen Zusammenhängen unter Nutzung weiterer Ableitungsregeln und der Entwicklung der Integralrechnung hat zum Ziel, unterschiedliche Typen mathematischer Problemebearbeiten zu können. Hierzu gehören auch Optimierungsprobleme.

Funktionale Zusammenhänge haben in der Stochastik eine wesentliche Bedeutung bei der Entwicklung und Analyse von Zufallsgrößen und der Berechnung von Wahrscheinlichkeiten.

grundlegendes Anforderungsniveau	erhöhtes Anforderungsniveau

Die Schülerinnen und Schüler ...

- geben die maximale Definitionsmenge von Funktionen – auch in Sachsituationen – an.
- kennen abschnittsweise definierte Funktionen.
- nutzen die Stetigkeit, Differenzierbarkeit und das Krümmungsverhalten zur Analyse und Synthese von abschnittsweise definierten Funktionen.
- erkennen Symmetrien von Graphen.
- erkennen Monotonie- und Krümmungsverhalten von Graphen und nutzen dies zur Begründung der Existenz von Extrem- und Wendepunkten.
- nutzen notwendige Bedingungen sowie inhaltliche Begründungen zur Bestimmung von lokalen Extrem- und Wendestellen.
- nutzen bei Funktionen und Scharen ganzrationaler Funktionen charakteristische Merkmale wie Extremstellen, Wendestellen und Krümmungsverhalten zum Lösen inner- und außermathematischer Probleme.
- führen Parametervariationen zur Anpassung von Funktionen an Daten durch.

Leitidee: Algorithmus

Mathematische Verfahren können in Form von Algorithmen systematisiert werden. Diese Algorithmen produzieren verlässliche Ergebnisse. Die Schülerinnen und Schüler entwickeln ein Verständnis für den Ablauf, die Ergebnisdarstellung sowie die Bedingungen und Grenzen der verwendeten Algorithmen. Die eingeführte Technologie entlastet den Nutzer bei der wiederholten Ausführung.

Die Arbeit mit der eingeführten Technologie macht also ein grundlegendes Verständnis für die Idee des Algorithmus notwendig und fördert dieses zugleich.

grundlegendes Anforderungsniveau	erhöhtes Anforderungsniveau

Die Schülerinnen und Schüler ...

- kennen den GAUß-Algorithmus als ein Lösungsverfahren für lineare Gleichungssysteme.
- lösen lineare Gleichungssysteme mit der eingeführten Technologie.

Rechnerfreie Fertigkeiten

1. Sie sollten in der Lage sein, die zweiten und dritten Ableitungsfunktionen von ganzrationalen Funktionen und Funktionenscharen zu berechnen.
2. Sie sollten mit Hilfe der zweiten und ggf. dritten Ableitung bzw. dem Vorzeichenwechselkriterium Wendepunkte berechnen können, wenn die zweite Ableitung eine lineare Funktion oder eine quadratische ohne konstantes oder ohne lineares Glied ist.
3. Sie sollten aus dem Verlauf eines Graphen erkennen können, wo ggf. Wendepunkte liegen.
4. Sie sollten aus gegebenen Eigenschaften von Funktionsgraphen Gleichungen zur Bestimmung der Funktionsgleichung aufstellen können.
5. Sie sollten einfache Koeffizientenmatrizen mit Hilfe des Gauß-Algorithmus in die Dreiecks- bzw. Zeilen-Stufenform umformen können.

Beispiele

1. Berechnen Sie die zweiten und dritten Ableitungsfunktionen folgender Funktionen.
   a) $f(x)=0{,}5x^4-3x^2+4x$
   b) $f_a(x)=a\cdot x^5+3a\cdot x^4-(2+a)\cdot x^2$

2. a) Berechnen Sie die Wendepunkte der Funktion f mit $f_a(x)=x^3-6a\cdot x^2$.
   b) Berechnen Sie die Wendepunkte der Funktion aus Aufgabenteil 1a).
   b) Berechnen Sie die Wendepunkte der Funktion f mit $f(x)=2x^4-2x^3$.
   d) Geben Sie ein Beispiel an, bei dem Sie mittels dritter Ableitung keine Aussage über das Vorliegen eines Wendepunktes machen können, mit dem VZW-Kriterium aber schon.

3. Bestimmen Sie aus dem Verlauf des Graphen näherungsweise die Wendepunkte und begründen Sie ihre Lage.
   Die Abbildung zeigt den Graphen der Funktion f mit $f(x)=0{,}11\cdot x^4-0{,}44\cdot x^3-0{,}44\cdot x^2+1{,}78\cdot x-3$. Begründen Sie ohne Rechnung, dass die Gleichung $0{,}11\cdot x^4-0{,}44\cdot x^3-0{,}44\cdot x^2+1{,}78\cdot x-3=0$ genau zwei Lösungen hat.

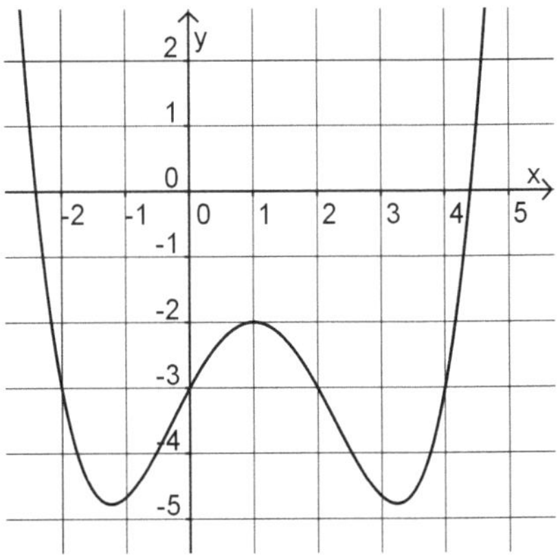

1. a) Der Graph der Funktion f hat im Ursprung eine waagerechte Tangente, verläuft durch den Punkt P(1|1) und hat dort die Steigung 2. Bestimmen Sie einen Funktionsterm.
   b) Geben Sie die Gleichung einer Funktion an, die zwei Wendestellen besitzt. Begründen Sie, wie ein entsprechender Term allgemein beschaffen sein muss.

5. Formen Sie folgende Matrix mit dem Gauß-Algorithmus in die Zeilen-Stufenform um.

$$\left[\begin{array}{ccc|c} 2 & 1 & 1 & 0 \\ -2 & 1 & -3 & 4 \\ 1 & -1 & 3 & -2 \end{array}\right]$$

CAS-Fertigkeiten

Sie sollten in der Lage sein, mit dem TC die zweiten und dritten Ableitungsfunktionen von Funktionen und Funktionenscharen zu berechnen.

Sie sollten mit Hilfe der zweiten und ggf. dritten Ableitung Wendepunkte beliebiger Funktionen und Funktionenscharen berechnen können.

Sie sollten Gleichungssysteme mit Hilfe des ‚solve'-Befehls lösen können.

Sie sollten Koeffizientenmatrizen mit Hilfe des ‚rref'-Befehls in die Zeilen-Stufenform umformen können.

Sie sollten in diesem Zusammenhang Problemstellungen aus den Bereichen

- Analyse von ganzrationalen Funktionen und Funktionenscharen,
- Synthese von ganzrationalen Funktionen und Funktionenscharen,
- Trassierungen,
- Biegelinien / Splines

lösen können.

Übersicht über den Unterrichtsverlauf

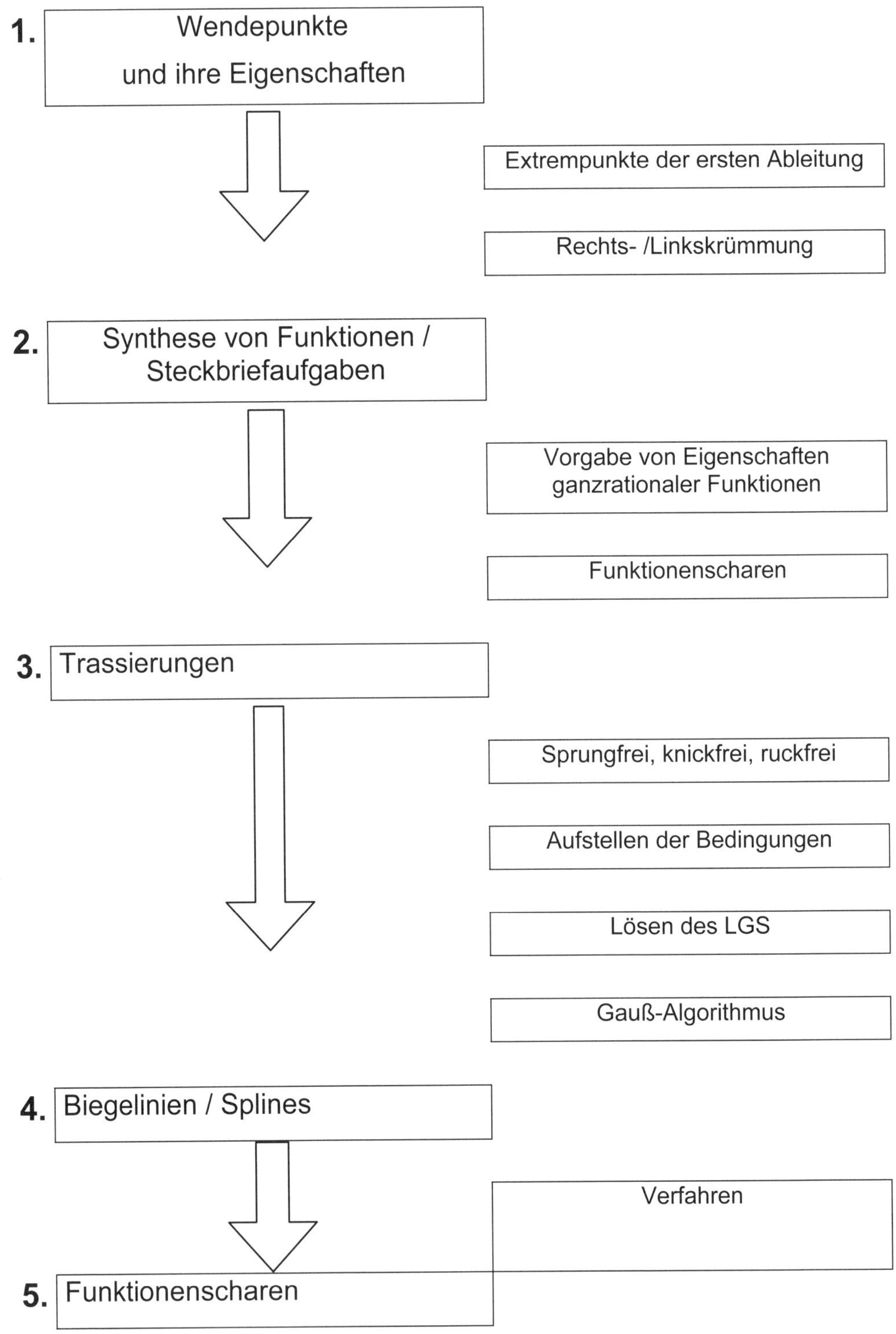

Thema 1: Wendepunkte und ihre Eigenschaften | **Dauer:** 3 Stunden

Besondere Materialien/Technologie:

LM: (Folienvorlagen) LM 1.1 und 1.2

SM: 1.1 bis 1.4

Einstieg:

Ein erster Zugang zum Begriff Wendepunkt kann sich aus einem Experiment auf dem Schulhof ergeben:

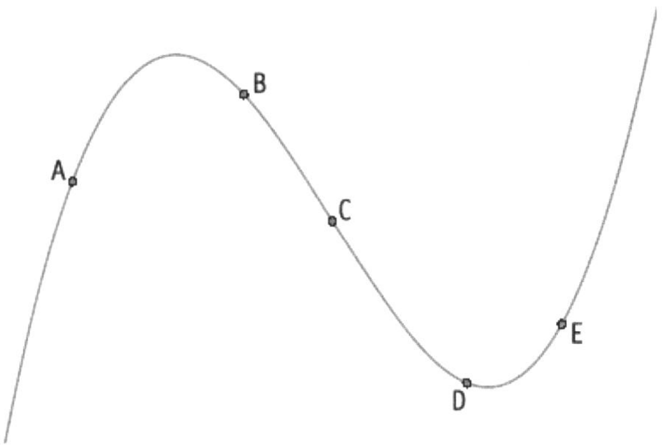

Ergebnis des Experiments soll ein intuitives Verständnis der Begriffe ‚Rechtskurve', ‚Linkskurve' und ‚Krümmung' sein. Der Wendepunkt soll als ein Punkt verstanden werden, an welchem eine Links- in eine Rechtskurve übergeht bzw. umgekehrt. Mit diesem Verständnis geht ein Erkenntnisgewinn über das des Jahrgangs 10 hinaus einher. Dieses Krümmungsverhalten wird dann auch bei der Betrachtung der Graphen der Funktion und deren Ableitungen deutlich.

Die Hinführung zur Berechnung der Wendepunkte schließt sich an.

Die Untersuchung des Graphen der Ausgangsfunktion und des Graphen der 1. Ableitung führt zu der Einsicht, dass der Funktionsgraph an der Stelle, an der ein Übergang von einer Links- in eine Rechtskurve stattfindet, maximale Steigung und an der Stelle, an der ein Übergang von einer Rechts- in eine Linkskurve stattfindet, minimale Steigung besitzt.

Diese Erkenntnis wird zur Bestimmung der Wendepunkte genutzt. Es wird die Bedingung $f''(x_w) = 0$ formuliert. Am Beispiel der Sattelpunkte lässt sich zeigen, dass die Bedingung für die Wendepunktbestimmung nicht ausreichend ist, was letztendlich zur hinreichenden Bedingung $f''(x_w) = 0$ und $f'''(x_w) \neq 0$ führt. An ganzrationalen Funktionen des Typs $f(x) = x^k$, $k > 1$ ungerade, motiviert man als zweite hinreichende Bedingung das Vorzeichenwechselkriterium.

Auf die Ähnlichkeit der Vorgehensweise bei der Bestimmung der Extrempunkte und der Untersuchung des Zusammenhangs zwischen dem Graphen der Ausgangsfunktion und dem Graphen der ersten Ableitungsfunktion und dem Vorgehen bei der Wendepunktbestimmung sollte hingewiesen werden.

Hierzu ist eine tabellarische Übersicht über die Fälle hilfreich.

Zu den Aufgaben

Falls der oben beschriebene Unterrichtsgang nicht verfolgt werden soll, können auch die Aufgaben 1 bis 4 als Einstiegsaufgaben dienen. Hier kann eine Aufgabe ausgewählt oder es können in arbeitsteiliger Gruppenarbeit alle Aufgaben parallel bearbeitet werden. *Aufgaben 1 und 2* betonen den Wendepunkt als Ort maximaler Steigung, *Aufgaben 3 und 4* führen auf den Aspekt des Wendepunktes als Ort des Krümmungswechsels. Es besteht die Möglichkeit, dass der Wendepunkt unter dem Aspekt der Steigung schon in der Sekundarstufe I eingeführt wurde. Dann haben die Aufgaben 1 und 2 eher wiederholenden Charakter.

Aus den Übungsaufgaben 6 bis 10 soll eine sinnvolle Auswahl getroffen werden.

Aus der Einheit sollte sich ergeben:

- Eine Stelle x_W , an der der Graph von f von einer Linkskurve in eine Rechtskurve übergeht oder umgekehrt, heißt Wendestelle, der zugehörige Punkt Wendepunkt.
- Ist $f''(x) < 0$, so ist der zugehörige Teil der Kurve rechtsgekrümmt, ist $f''(x) > 0$, so ist er linksgekrümmt.
- Ein Sattelpunkt ist ein besonderer Wendepunkt, mit einer zur x-Achse parallelen Tangente.
- An der Stelle des Extrempunktes des Ableitungsgraphen wechselt die Krümmungsrichtung des Funktionsgraphen.
- Hinreichende Kriterien:
  Für eine Funktion f mit den Ableitungsfunktionen f', f'' und f''' in einem Intervall gilt:
  (1) Wenn f'' an der Stelle x_W eine Nullstelle mit Vorzeichenwechsel hat, dann ist x_W Wendestelle von f.
  (2) Wenn $f''(x_w) = 0$ und zugleich $f'''(x_W) \neq 0$ gilt, dann ist x_W Wendestelle von f.
- Gilt $f'''(x_w) = 0$ bei der zweiten Wenn-dann-Beziehung, ist das Vorliegen eines Wendepunktes nicht ausgeschlossen.
  Beispiel: $f(x)=x^5$

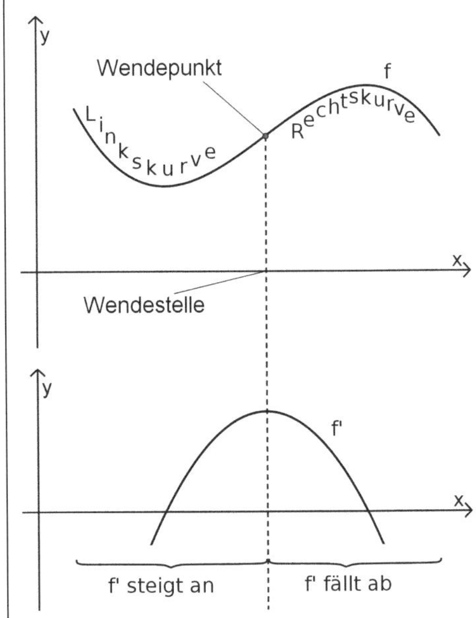

Thema 2: Synthese von Funktionen – Steckbriefaufgaben	**Dauer:** ca. 8 Stunden
Besondere Materialien/Technologien: LM: --- SM: 2.1 und 2.2	
Steckbriefaufgaben In diesem Abschnitt über Steckbriefaufgaben soll aus vorgegebenen Bedingungen die zugehörige Funktionsgleichung generiert werden. Es finden sich in diesem Kapitel sowohl innermathematische Fragestellungen als auch einfache Anwendungen. Dabei müssen die Bedingungen entweder einem Text oder einem Graphen entnommen werden. Begriffe wie Nullstelle, Extrempunkt, Wendepunkt, Steigung werden so in unterschiedlichen Situationen geübt. Der Unterschied zwischen ‚Stelle' und ‚Punkt' wird verdeutlicht. Nicht-eindeutige Lösungen werden hier nicht thematisiert. Diese werden im Kapitel 5 (Funktionenscharen) betrachtet. Zur Lösung der sich ergebenden Gleichungssysteme wird der ‚solve'-Befehl benutzt.	

Thema 3: Trassierungen	**Dauer:** ca. 8 Stunden

Besondere Materialien/Technologien:

LM: (Folienvorlagen) LM 3.1 bis 3.3

SM: 3.1 bis 3.4; TC-Hilfen

Überblick über die Ziele und Inhalte der Unterrichtseinheit

Zum Einstieg werden zwei Vorgehensweisen angeboten:

Aufgabe 1

Die Aufgabenstellung ist bewusst offen gehalten und suggeriert eine Verbindung durch einen Viertelkreis oder durch eine Parabel. Durch einen Vergleich der Schülerlösungen wird das Problem der unterschiedlichen Krümmung an den Anschlussstellen (Krümmungsruck) deutlich: Z. B. Kreis (konstante Krümmung > 0) bzw. Parabel (nicht-konstante Krümmung > 0) zur Geraden (konstante Krümmung 0).

Mit dem Wissen aus Kapitel 1 und 2 können die Bedingungen für einen krümmungsruckfreien Übergang aufgestellt und die Funktion (hier vom Grad 4) bestimmt werden.

Es ist möglich und lohnend, die Verbindung der beiden Geradenstücke durch Kreis und Polynom mit einem Brett, in das die entsprechenden graphischen Verläufe eingefräst worden sind, experimentell zu überprüfen und somit den Krümmungsruck zu erfahren.

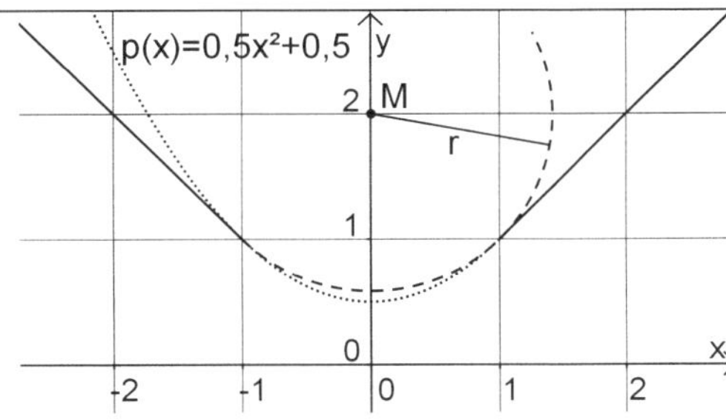

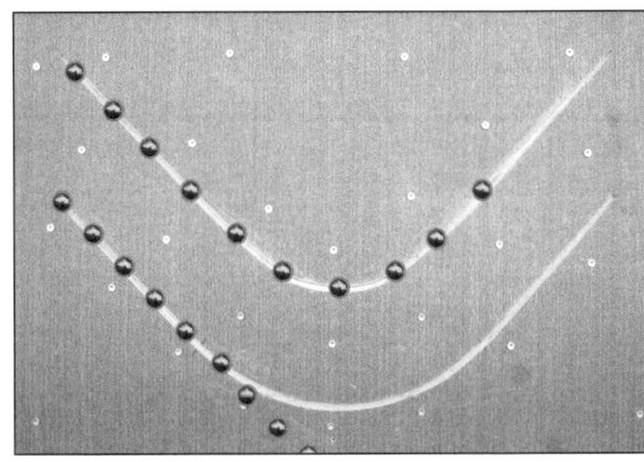

Aufgabe 2

Alternativ können anhand eines noch hinreichend einfachen, aber ausbaufähigen Trassierungsproblems alle wesentlichen Aspekte der Interpolation erarbeitet werden. Lösungsfolien (LM 3.1) unterstützen die Erarbeitung.

Lösungsskizze:

- Der einfachste Verbindungsansatz ist der durch lineare Interpolation. Diese Lösung wird mit der Folie präsentiert.
  Zur Berechnung der entsprechenden Funktionsgleichung ist die Wahl eines geeigneten Koordinatensystems notwendig. Naheliegend sind Ursprungslagen in den Endpunkten der Gleise oder im Symmetriepunkt. Mit dem auf der Folie gewählten Koordinatensystem ergibt sich als Funktionsgleichung für die Gerade: $y = -0{,}5x + 2$.
  Zur graphischen Darstellung der Lösung mit dem TC sollten abschnittsweise definierte Funktionen wiederholt werden. Hierzu können die TC-Hilfen verwendet werden.
- Auf der Suche nach einer in den Anschlusspunkten knickfreien Lösung kann optional (ggf. unter Zuhilfenahme einer Holzeisenbahn für Kinder) die Lösung über zwei Viertelkreise thematisiert werden. Auch die Parabel ist als Zwischenschritt denkbar zur Verdeutlichung, dass in den Anschlusspunkten ein Scheitelpunkt vorliegt.
- Der erste Lösungsansatz soll nun in den Übergangsstellen kritisch beurteilt werden. Bei der Prüfung der Eignung der Lösung finden die Schülerinnen und Schüler heraus, dass diese zwar ‚sprungfrei', aber nicht ‚knickfrei' und somit wenig geeignet ist.
  Die einzuführenden Begriffe ‚sprungfrei' und ‚knickfrei' sind so angelegt, dass sie einer späteren Vertiefung zu ‚stetig' und ‚differenzierbar' nicht im Weg stehen. Diese Vertiefung muss unbedingt erfolgen.
- Bei der Beschränkung auf ganzrationale Lösungen erfordert die Vorgabe zweier waagrechter Tangenten mindestens einen kubischen Ansatz, der zunächst qualitativ freihändig skizziert werden sollte, um einen Eindruck des relevanten Ausschnitts des Graphen zwischen den zwei Extrempunkten zu erhalten.

- Den vier Parametern des Ansatzes
  $f(x) = a \cdot x^3 + b \cdot x^2 + c \cdot x + d$
  stehen vier Bedingungen gegenüber.
  Diese sind bei einem wie oben gewählten Koordinatensystem: $f(0) = 2$, $f(4) = 0$, $f'(0) = 0$ und $f'(4) = 0$.
  Unter Verwendung des solve-Befehls ergibt sich für das Polynom dritten Grades die Gleichung $f(x) = \frac{1}{16}x^3 - \frac{3}{8}x^2 + 2$.

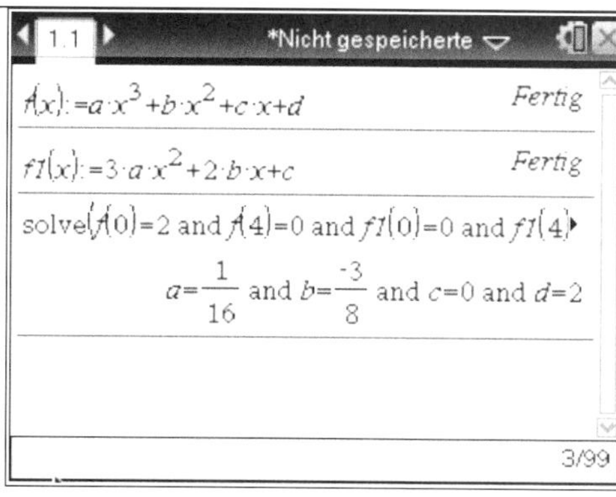

- Anmerkung: Bei geeigneter Wahl des Koordinatensystems mit dem Ursprung im Symmetriezentrum ergeben sich zwei Gleichungen mit zwei Unbekannten. Sowohl die kubische als auch die mögliche quadratische und die Lösung mit Viertelkreisen werden auf ihre Güte hin überprüft und bewertet. Unter Verwendung der Folienvorlagen wird geklärt, dass alle drei Ansätze nicht zu ruckfreien Lösungen führen.
- Diese erneute kritische Beurteilung der knickfreien Lösung (ggf. unter Einbeziehung der Kreisbögen) offenbart unter Einbeziehung der zweiten Ableitung, dass die Krümmungsruckfreiheit nicht gegeben ist. Dieses kann anhand der Betrachtung und Behebung der Sprungstellen der Graphen der Funktion und ihrer ersten und zweiten Ableitung geschehen. Jedenfalls ergeben sich dadurch zwei zusätzliche Bedingungen.
- Ausgehend von den Beziehungen zwischen der jeweiligen Anzahl der Bedingungen und dem Grad des Lösungspolynoms in den vorangehenden Teilaufgaben ergibt sich ein Ansatz fünften Grades. Auch hier sollte eine Freihandskizze zunächst verdeutlichen, dass in den Anschlusspunkten Sattelpunkte vorliegen. Unter Verwendung der Folienvorlagen wird geklärt, dass dieser Ansatz nun zu einer ruckfreien Lösung führt.
- Der neue Ansatz lautet also:
  $g(x) = a \cdot x^5 + b \cdot x^4 + c \cdot x^3 + d \cdot x^2 + e \cdot x + f$.
  Oben gewähltes Koordinatensystem führt zu den Bedingungen $g(0) = 2$, $g(4) = 0$, $g'(0) = 0$, $g'(4) = 0$, $g''(0) = 0$ und $g''(4) = 0$. Unter Verwendung des ‚solve'-Befehls ergibt sich für das Polynom fünften Grades die Gleichung
  $g(x) = -\frac{3}{256}x^5 + \frac{15}{128}x^4 - \frac{5}{16}x^3 + 2$.
  (Achtung: Keine doppelten Bezeichnungen: Funktionen f,g,... und Parameter a,b,c,... verwenden.)

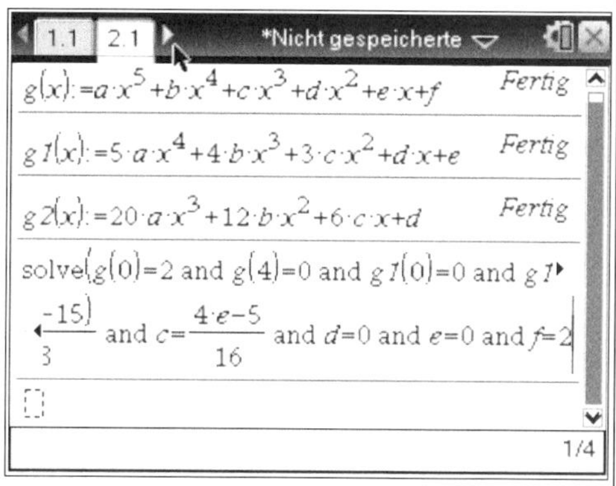

- Durch geschickte Wahl des Koordinatensystems und Ausnutzung von Symmetrieeigenschaften lässt sich das entstandene LGS vereinfachen.
- Zum Abschluss sollen noch einmal die Graphen der abschnittsweise definierten Funktionen einander gegenüber gestellt werden, um Rückschau zu halten auf die Lösungsstrategien, die Bedingungen und Leistungsfähigkeit der einzelnen Ansätze. Auch hierfür leisten die Folienvorlagen wertvolle Dienste.
- Wir schlagen vor, dass auch bei den weiteren Aufgaben (siehe unten: Punkt 3.2) die entstandenen LGS weiterhin mit dem solve-Befehl des CAS gelöst werden sollen. Die Formulierung der Bedingungen kann - wie oben gezeigt wurde - direkt zum Aufstellen der Gleichungen genutzt werden, wenn die Gleichungen der Funktion und ihrer Ableitungen zuvor zwischengespeichert worden sind.
  Der Vorteil dieser Vorgehensweise ist, dass die Lösung in ihrer Struktur die notwendigen Lösungsansätze widerspiegelt und diese so für die Schüler sinnfällig werden.
- Es bleibt jedem Lehrer überlassen zu beurteilen, ob sich an dieser Stelle schon die Einführung des Gauß-Algorithmus zur Lösung der Linearen Gleichungssysteme anbietet oder nicht.

Aufgabe 3

Diese Aufgabe zeigt, dass die zweite Ableitung kein Maß für die Krümmung ist. Übereinstimmende Werte der zweiten Ableitung an den Stützstellen führen zu gleicher Krümmung an diesen Stellen.

Bei den weiteren zur Auswahl stehenden Aufgaben 4 bis 8 werden folgende wesentliche Aspekte dieses Kapitels thematisiert:

- Wahl eines geeigneten Koordinatensystems
- abschnittsweise definierte Funktionen
- Übergangs- und Anschlussbedingungen (sprungfrei, knickfrei, krümmungsruckfrei) und propädeutischer Stetigkeits- und Differenzierbarkeitsbegriff
- Zusammenhang zwischen Anzahl der Bedingungen und Grad des Polynoms im Lösungsansatz
- Aufstellen und Lösen linearer Gleichungssysteme mit Rechnerhilfe und/oder Gauß-Algorithmus

Aufgaben 9 und 10

Der Zugang zu den Begriffen ‚Stetigkeit‘ und ‚Differenzierbarkeit‘ erfolgt mit den Aufgaben 1 bis 8 KC-konform auf intuitivem Wege. Die Schülerinnen und Schüler verbinden Stetigkeit im Wesentlichen mit Sprungfreiheit, Differenzierbarkeit mit Knickfreiheit.

Die Aufgaben 9und 10 (Blatt 3.3) bieten Anlass, die Begriffe ‚Stetigkeit‘ und ‚Differenzierbarkeit‘ genauer zu fassen und die stärker formalisierte Definition der Differenzierbarkeit über Grenzprozesse einzuführen.

Exkurs: Gauß-Algorithmus SM 3.4, Aufgabe 11

Die Schülerinnen und Schüler sollen den Gauß-Algorithmus zur Lösung Linearer Gleichungssysteme kennenlernen. Die Einführung des Gauß-Algorithmus kann im Rahmen der Lernbereiche ‚Kurvenanpassung – Interpolation‘ oder ‚Mehrstufige Prozesse – Matrizenrechnung‘ erfolgen. Hier wird die Einführung im Rahmen dieses Unterrichtsgangs vorgeschlagen.

Im Rahmen des Exkurses sollen die Schüler erfahren, wie eine Lösung eines Linearen Gleichungssystems ohne Verwendung des ‚solve‘-Befehls möglich ist. Zur Vereinfachung werden die Gleichungen zunächst standardisiert und in die erweiterte Koeffizientenmatrix überführt (vgl. Aufgabe 11). In der Matrixschreibweise wird der Gauß-Algorithmus bis zur oberen Dreiecksform vorgeführt und die weitere Überführung in die Diagonalform angedeutet.

Bei den Schülern ist die Erkenntnis zu schärfen, dass schon eine Matrix in oberer Dreiecksform die Lösungen erkennen lässt und eine vollständige Diagonalisierung nach gleichem Verfahren zwar möglich, aber nicht notwendig ist.

Bei der Erarbeitung des Gauß-Algorithmus sollen nur eindeutig lösbare Systeme mit kopfrechenfreundlichen Koeffizienten behandelt und von den Schülern in mindestens einem weiteren Beispiel hilfsmittelfrei geübt werden.

Alternativ zum ‚solve‘-Befehl steht den Schülern für den vollständigen Gauß-Algorithmus auch der ‚ref‘-Befehl zur Erzeugung der oberen Dreiecksform und der ‚rref‘-Befehl zur Berechnung der Diagonalform zur Verfügung.

Hier können die TC-Hilfen verwendet werden.

Für die Lösung der Aufgabe 11 liegt die Folienvorlage LM 3.2 vor.

Thema 4: Biegelinien – Splines **Dauer:** 6 Stunden

Besondere Materialien/Technologie:

LM: (Folienvorlagen) LM 4.1 bis 4.8

SM: 4.1 bis 4.12

Vorbemerkungen

Nachdem an Beispielen aus dem Bereich Trassierung ganzrationale Funktionen zu vorgegebenen Datenpunkten und/oder Eigenschaften bestimmt wurden, soll ein ähnliches Vorgehen jetzt auf Biegelinien übertragen werden.

Bei Modellierungen mit abschnittsweise definierten Funktionen sind darüber hinaus an den ÜbergängenEigenschaften wie Stetigkeit, Differenzierbarkeit und Übereinstimmung der zweiten Ableitungen als Bedingungen zu nutzen und im Kontext zu interpretieren. Ein vertieftes Verständnis dieser Begriffe kann durch die Behandlung der Splines sowohl für Kurse auf grundlegendem als auch für Kurse auf erhöhtem Anforderungsniveau erarbeitet werden. Es geht hier also vor allem um die Schärfung von Verständnis und nicht darum, möglichst große Matrizen zu bewältigen.

Besonders für Kurse auf grundlegendem Anforderungsniveau muss der Mehrwert der Modellierung durch Splines gegenüber der Interpolation durch ganzrationale Funktionen deutlich werden. Ganzrationale Funktionen modellieren manche Formen nicht nur schlecht, sie neigen auch zur Oszillation. Dieses soll durch gegenüberstellende Modellierungen mittels ganzrationaler Funktionen und Splines deutlich werden. Auch deshalb werden in den Aufgaben beide Modellierungen nebeneinander angesprochen. Der (wiederholte) Gang durch den Modellierungskreislauf steht im Mittelpunkt der Einheit.

Zum Begriff ‚Spline'

Ein Spline n-ten Grades ist eine Funktion, die stückweise aus Polynomen mit maximalem Grad n zusammengesetzt ist. Splines werden vor allem zur Interpolation und Approximation benutzt. Durch die stückweise Definition sind Splines flexibler als Polynome und dennoch relativ einfach und glatt. Es ergeben sich bei der Spline-Interpolation nicht die Nachteile, die durch die starke Oszillation von Polynomen höheren Grades bei der Polynominterpolation entstehen.

Der Begriff stammt aus dem Schiffbau: Eine lange, dünne Latte (Straklatte, engl. Spline), die an einzelnen Punkten durch Haltenasen (Molche) fixiert wird und an den Enden in natürlicher Weise linear ausläuft, kann gut durch einen (natürlichen) kubischen Spline beschrieben werden. Die Straklatte ist dabei bestrebt, ihre durch die Biegungen hervorgerufene innere Spannung zu minimieren bzw. zu verteilen. Splines, insbesondere kubische, finden Anwendung z.B. im CAD.

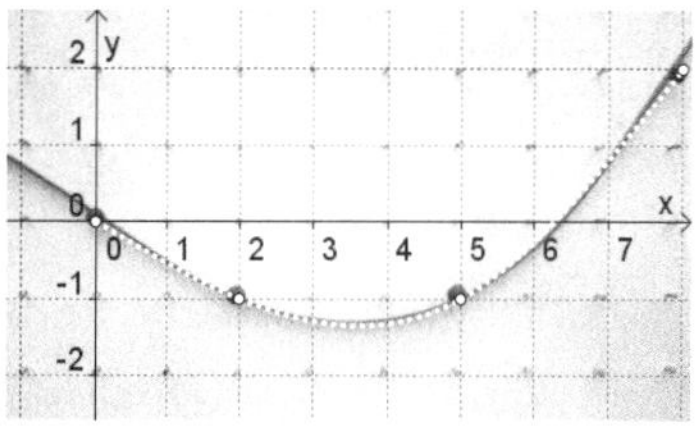

Im Straßenbau finden Splines zwar keine Verwendung bei der Planung einer Trasse, jedoch werden sie verwendet, um nach einer Vermessung einer Trasse die Messpunkte geeignet mit einander zu verbinden. Mathematisch analog lassen sich auch Flächen beschreiben.

Konzeption

Wir betrachten in der folgenden Unterrichtseinheit nur natürliche kubische Splines. Natürliche kubische Splines verwenden ganzrationale Funktionen dritten Grades und laufen am Rand linear aus.

Die Einstiegsaufgabe modelliert die Berandung einer Vase. Alternativ kann die Aufgabe 3 aus dem Bereich Schiffbau gewählt werden, da hier der Anwendungsursprung liegt (vgl. oben). Durch die Verwendung von nur vier Stützstellen bei beiden Aufgaben wird hier einerseits gewährleistet, dass die sich zur Berechnung ergebende Matrix noch vergleichsweise überschaubar ist (12x13), andererseits ergibt sich dadurch das Problem, dass die Übereinstimmung des Graphen der Splinefunktion mit der Biegelinie nur bedingt zufriedenstellt. Im Kurs auf grundlegendem Anforderungsniveau wird dies zugunsten eines vereinfachten Zugangs in Kauf genommen. In einem Kurs auf erhöhtem Anforderungsniveau kann alternativ mit fünf Stützstellen gearbeitet werden – zusätzlich zu den in Aufgabe 3 vorgegebenen Punkten wählt man den Punkt (3 | -1).

Zum Einstieg in dieses Thema bietet es sich ebenfalls an, ein reales ‚Designerstück' ähnlich der hier vorgegebenen Vase zu modellieren und die Arbeitsblätter mit ihrem stärker gelenkten Vorgehen nicht zu nutzen, sondern die Schülerinnen und Schüler selbstständig Verbesserungsvorschläge machen und überprüfen zu lassen (vgl. H. Körner: Die Vase, TI-Nachrichten 1/09), LM 4.1.

Verlauf der Einheit

Die Lösung der Einstiegsaufgabe führt zunächst über Interpolation zu einer ganzrationalen Funktion, deren Graph zwar durch alle vorgegebenen vier Punkte verläuft, sich aber zwischen den Punkten weit entfernt und dort nicht dem gewünschten Verlauf entspricht. Dadurch wird die Verfeinerung mit Hilfe des abschnittsweise definierten Splines motiviert.

Dazu werden im Unterrichtsgespräch zunächst die Bedingungen an die Teilfunktionen erarbeitet und in einer Tabelle strukturiert und übersichtlich zusammengestellt (SM 4.1; LM 4.2). Diese Tabelle sollen die Schüler nutzen, um möglichst selbstständig die Bedingungen auf das konkrete Problem zu übertragen und die Matrix zur Bestimmung der zwölf Koeffizienten für die drei ganzrationalen Funktionen dritten Grades aufzustellen (Aufgabe 2, SM 4.2). In der Tabelle aus LM 4.3 werden die Bedingungen übersetzt.

Wird die Aufgabe 3 zum Schiffbau für den Einstieg gewählt, so ist das Vorgehen analog. Auch hier werden die Bedingungen an die Teilfunktionen erarbeitet und in einer Tabelle strukturiert und übersichtlich zusammengestellt (SM 4.3; LM 4.4). Diese Tabelle nutzen die Schüler, um selbstständig die Bedingungen auf das konkrete Problem zu übertragen und die Matrix zur Bestimmung der zwölf Koeffizienten für die drei ganzrationalen Funktionen dritten Grades aufzustellen (Aufgabe 4).

Nachdem das Verfahren damit erarbeitet und im Unterricht gesichert ist, soll es anhand einiger Aufgaben geübt und gefestigt werden. In Aufgabe 5 wird mit vier Stützstellen gearbeitet (12x13-Matrix), in Aufgabe 6 mit fünf Stützstellen (16x17-Matrix). Die zugehörigen Lösungen finden sich im Lehrermaterial unter LM 4.7 und LM 4.8. In Aufgabe 7 müssen die Schüler die Anzahl der Stützstellen selbst wählen und auch die Punkte begründet ermitteln. Zur Berechnung der Splines können die Tabellen im Schülermaterial genutzt werden (SM 4.9 - 4.12 bzw. LM 4.5 und 4.6). Dies bietet sich als kleines Projekt z.B. im Rahmen einer Langzeit-Hausaufgabe an.

Die Aufgabe 8 soll im Unterricht Anlass sein, die Verfahren der Interpolation (durch eine ganzrationale Funktion) und der Regression voneinander abzugrenzen und zu vergleichen. Dabei sollte den Schülern deutlich werden, dass bei der Interpolation der gewonnene Funktionsgraph durch die gegebenen Punkte verläuft und ggf. weiteren Randbedingungen genügt (bestimmte Steigungs- und Krümmungsvorgaben), während sich bei der Regression ein Funktionsgraph ergibt, der nicht notwendigerweise durch die gegebenen Punkte verläuft, sondern diese nur möglichst gut annähert.

Die Spline-Interpolation birgt zusätzlich - trotz des höheren Rechenaufwandes - den Vorteil eine Funktion mit möglichst geringer Krümmung durch die vorgegebenen Punkte zu liefern.

Die Aufgaben 9 bis 11 nehmen noch einmal gezielt das Verständnis in den Blick, indem Berechnungstabellen ausgefüllt und gedeutet werden müssen.

Anmerkungen

Das Thema ‚Splines' eignet sich zur Arbeit mit offenen Methoden oder ggf. Projektarbeit. Es kann in vielerlei Hinsicht Erweiterungen erfahren. Dabei besteht die Möglichkeit, besondere Inhalte durch interessierte und leistungsstarke Schülerinnen und Schüler als Referat erarbeiten und vortragen zu lassen.

Kritisch zu betrachten ist, dass die Modellierungen im Bereich Trassierung keine reale Anwendung finden und deshalb hier kein ‚echter' Wirklichkeitsbezug vorliegt. Straßen sind nicht unendlich schmal und werden nicht durch Polynome oder Splines modelliert. In Wirklichkeit werden Trassierungen im Wesentlichen mit Hilfe von Geradenstücken und Kreisbögen geplant, die mit Klothoiden geeignet verbunden sind. Klothoiden haben die Eigenschaft, dass die Krümmung im Verlauf linear zunimmt. Eine solche Modellierung hat fahrphysikalische Vorteile und ist deshalb in den Richtlinien zur Anlage von Straßen (RAS) entsprechend festgelegt. Spätestens am Ende einer entsprechenden Unterrichtseinheit sollte eine kritische Reflexion erfolgen.

Der Themenkreis Trassierung/Design kann auf verschiedene Weisen erweitert werden. Diese gehen dabei zwar weit über den Kern des Curriculums hinaus, können aber motivierend sein und bringen weitere Einsicht. Projektarbeit oder Referat können ggf. Methoden sein, die Schülerinnen und Schüler das Problem selbstständig erarbeiten zu lassen.

Klothoiden oder Bézierkurven könnten Forschungsaufträge für interessierte Schülerinnen und Schüler sein.

Die Strategien zu kubischen Splines sind auf zweidimensionale Splines übertragbar. Es können in diesem Zusammenhang Parameterkurven angesprochen werden. Mit Hilfe der Kenntnisse über zweidimensionale Splines können wesentlich interessantere Objekte modelliert werden, z.B. Schriften, Logos etc.

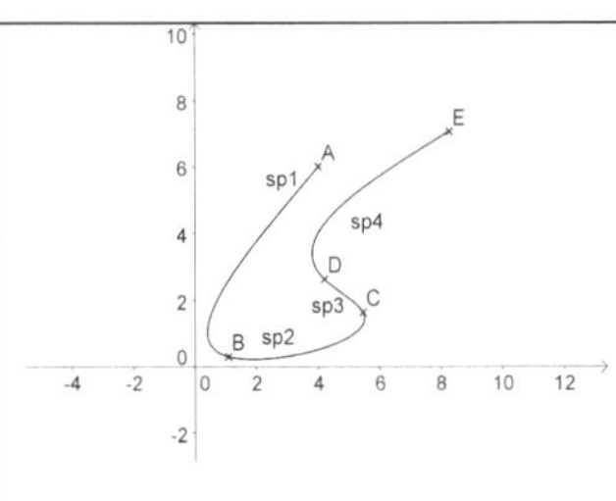

Nutzung der Nspire-Technologie zur Visualisierung von Splines

TI-Nspire bietet eine komfortable Möglichkeit der dynamischen Visualisierung von Splines. Hier soll eine mögliche Vorgehensweise für vier Stützpunkte vorgestellt werden. Die Schülerinnen und Schüler können sich eine entsprechende Datei unter Anleitung selbst erstellen.

Einfügen einer Seite ‚Graphs'. Mit [menu] → ‚7: Punkte & Geraden' → ‚1: Punkt' vier Punkte einfügen. Die Punkte durch ‚[ctrl] + [menu]' →‚2: Beschriftung' benennen. Durch [ctrl] [menu] →‚7: Koordinaten/Gleichungen' die Koordinaten einblenden. Durch [ctrl] [menu] →‚5: Speichern' den Koordinaten Namen zuordnen (hier: xA, yA, xB, yB, xC, yC, xD und yD).	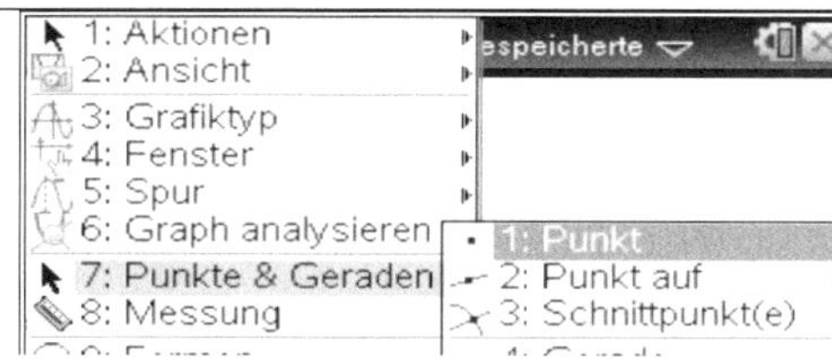 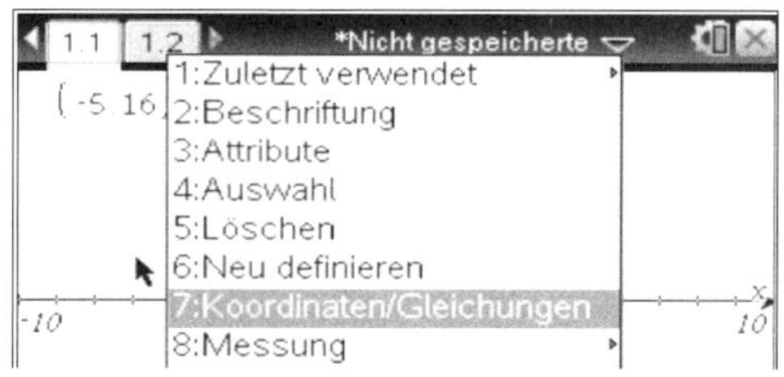 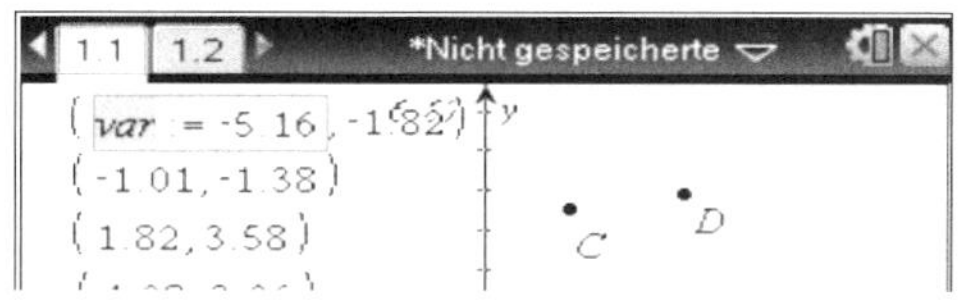
Neue Seite ‚Notes' hinzufügen. Mit [menu]→ ‚3: Einfügen' → ‚1: Math Box' bzw. ‚[ctrl]+M' eine ‚Math Box' einfügen. In dieser Box kann man Berechnungen durchführen lassen. In der ‚Math Box' die allgemeine 12x13-Koeffizientenmatrix M zur Berechnung des Splines definieren. Über das Menü ‚Attribute…' kann gewählt werden, ob in der ‚Math Box' nur die Eingabe, nur die Ausgabe oder beides zu sehen sein soll.	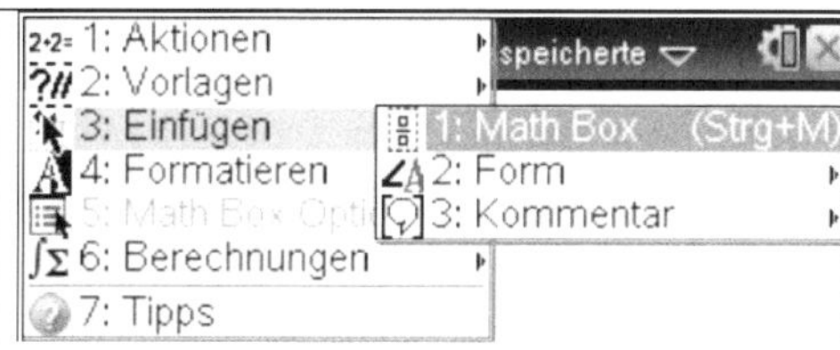 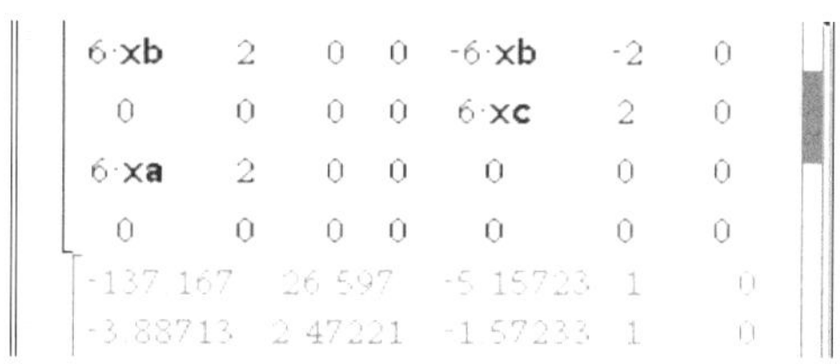
Definieren der Matrix ‚dia': dia:=rref(m)	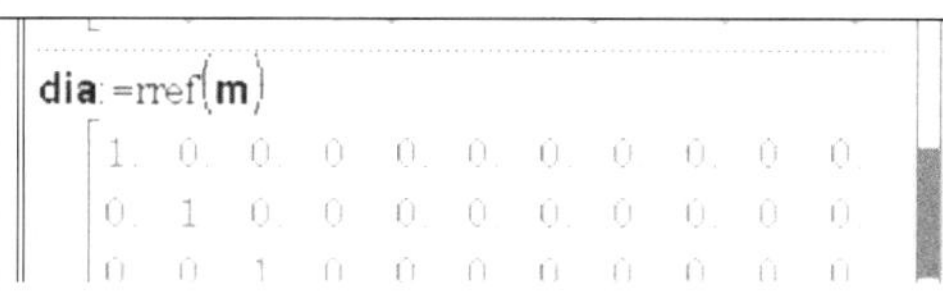
Definieren der Splinefunktionen: Mit dia[3,13] erhält man z.B. das Element aus der dritten Zeile und der 13. Spalte.	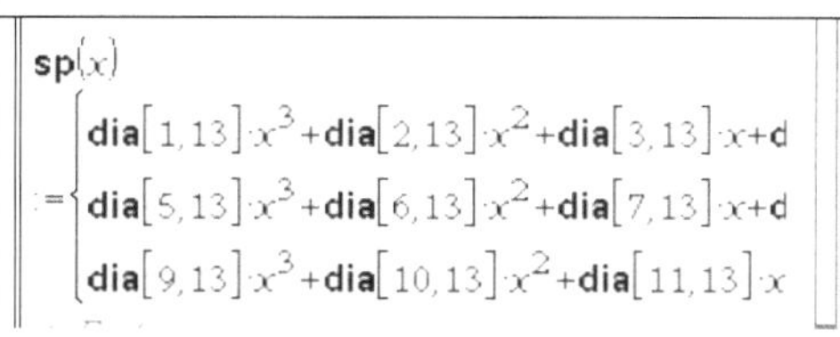
Auf der ‚Graphs'-Seite die Funktion f1 definieren: f1(x)=sp(x)	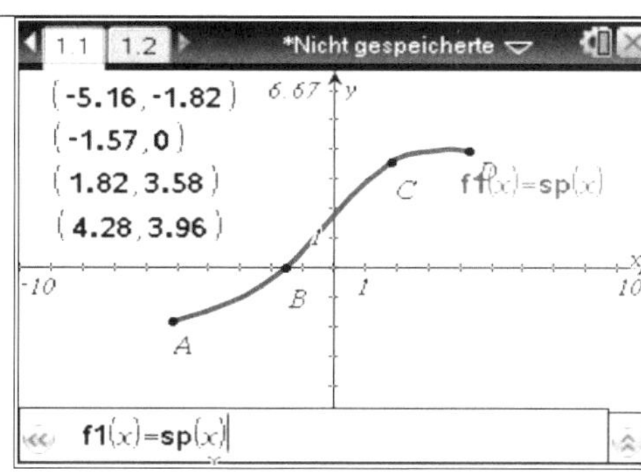

Thema 5: Funktionenscharen	**Dauer:** 6 Stunden

Besondere Materialien/Technologie:

LM: (Folienvorlagen) LM 5.1

SM: 5.1 – 5.3

Nachdem bisher eindeutige Problemstellungen zur Synthese einer einzigen Funktion führten, werden nun zunächst Bedingungen betrachtet, denen eine Schar von Funktionen genügt.

Darin wird – ausgehend von den Nullstellen – nach allen Kurven ganzrationaler Funktionen dritten Grades mit diesen Eigenschaften gefragt. Diese Funktionen werden auf weitere Eigenschaften untersucht.

Bei den folgenden Aufgaben, aus denen eine der Lerngruppe angemessene Auswahl erfolgen sollte, ist entweder der Funktionsterm oder der Graph der Funktionenschar gegeben.

Aufgabe 4 ist eine Steckbriefaufgabe zu einer Funktionenschar.

Der Begriff der Ortslinie wird spätestens in Aufgabe 5 eingeführt.

Fallunterscheidungen müssen in den Aufgaben 7 und 9 durchgeführt werden.

Aufgabe10 ist eine komplexere Modellierungsaufgabe mit einer Funktionenschar und Extremwertbestimmung. Sie kann optional von leistungsstärkeren Schülern bzw. Lerngruppen bearbeitet werden. Die Aufgabe erhebt nicht den Anspruch, eine Sachsituation angemessen abzubilden. Dennoch kann hier das Gelernte auf vielfältige Weise angewendet werden.

6. Lehrermaterialien / Folienvorlagen

LM 1.1 Folienvorlage

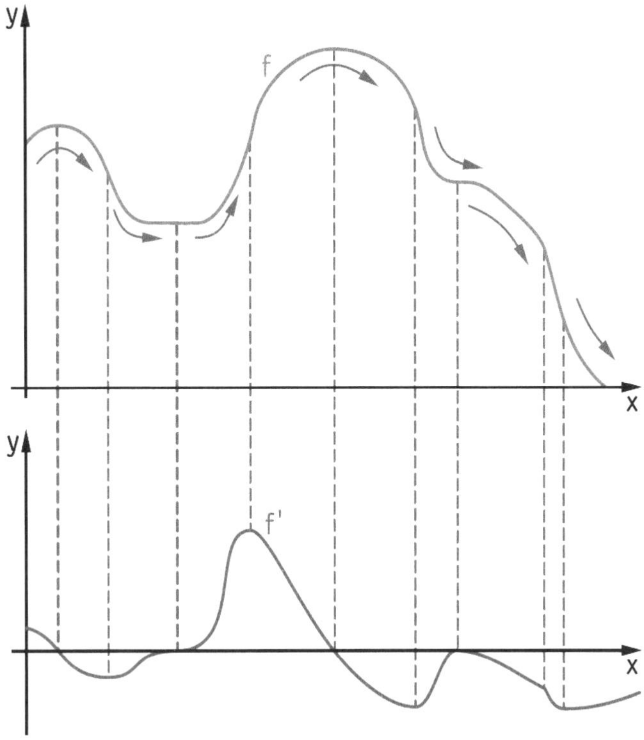

LM 1.2 Folienvorlage

Wo ist der Wendepunkt?

LM 3.1 Lösungsvorlage zu SM 3.1 Aufgabe 1

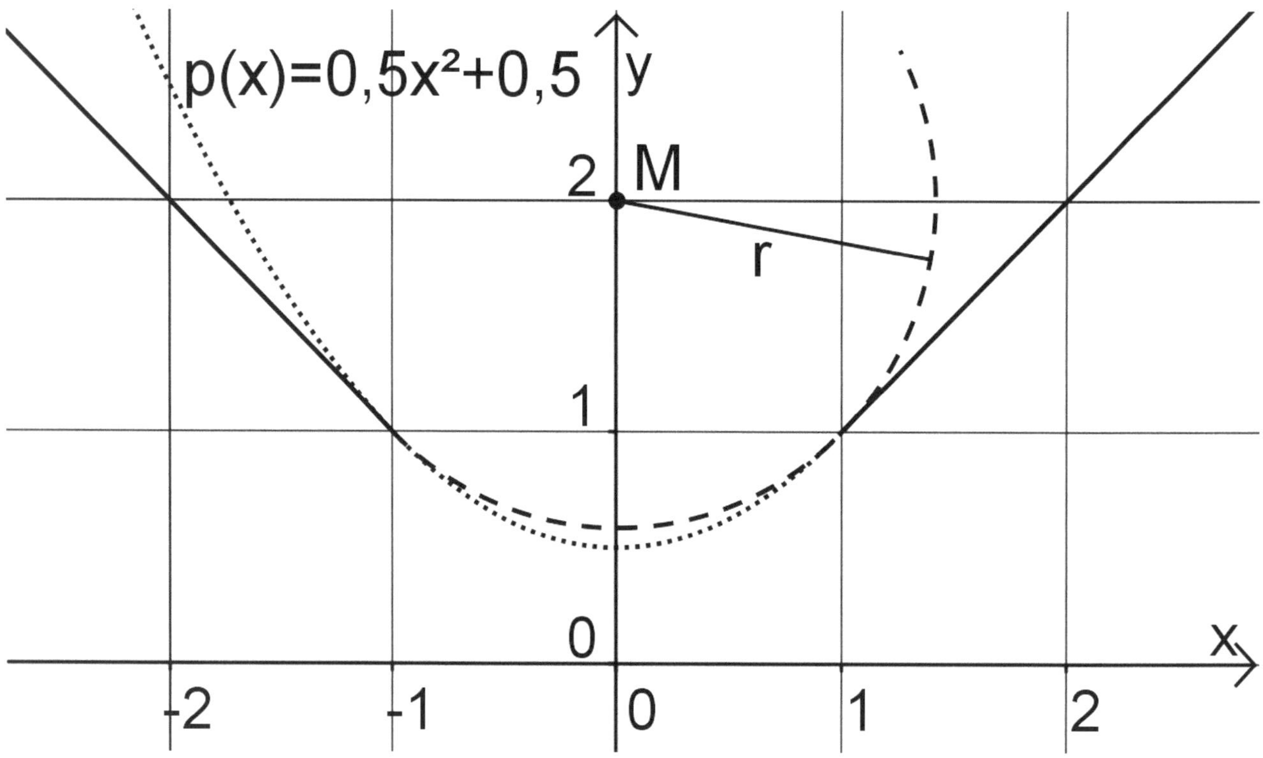

LM 3.2 Folienvorlagen: Einstiegsaufgabe und Lösungsvariationen

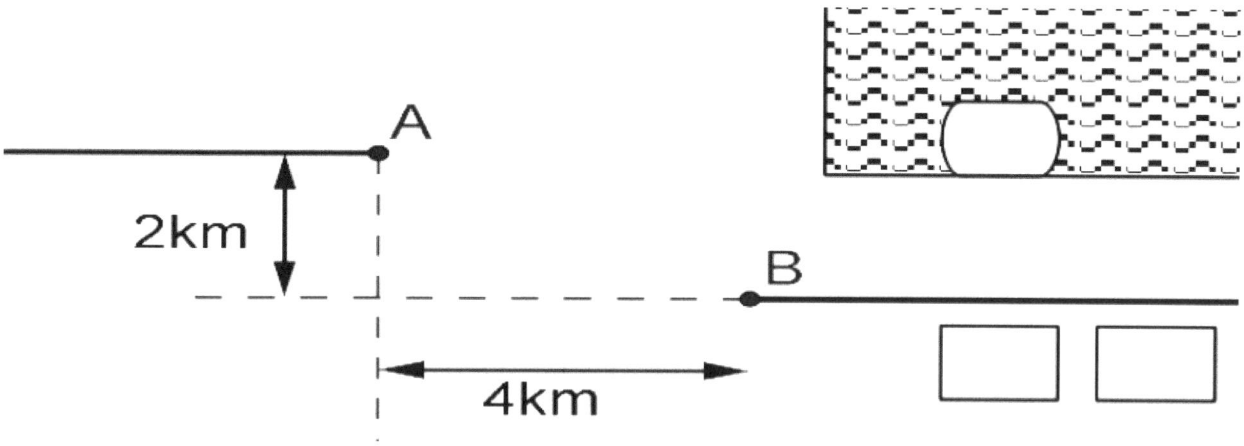

Lösungsfolie: Verbindung der Punkt A und B durch eine lineare Funktion

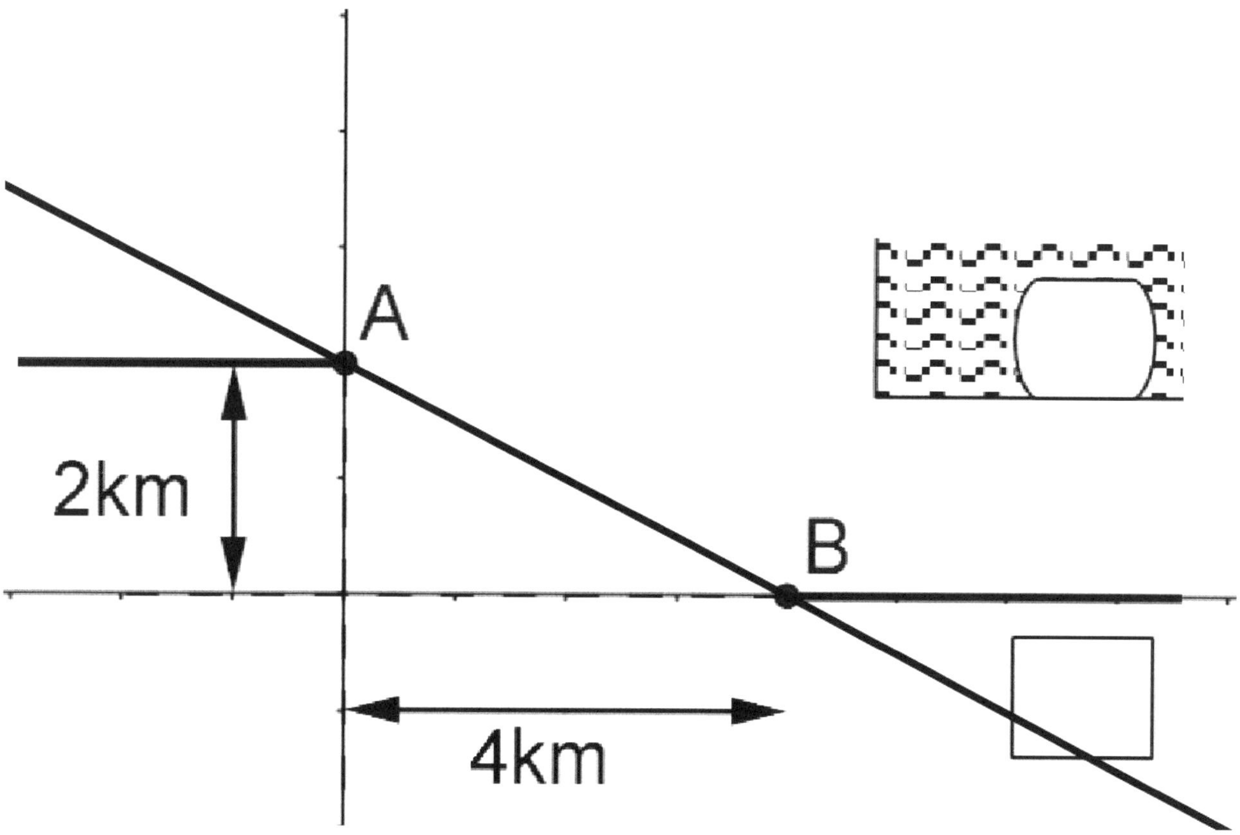

Lösungsfolie: Verbindung der Punkt A und B durch zwei Viertelkreise

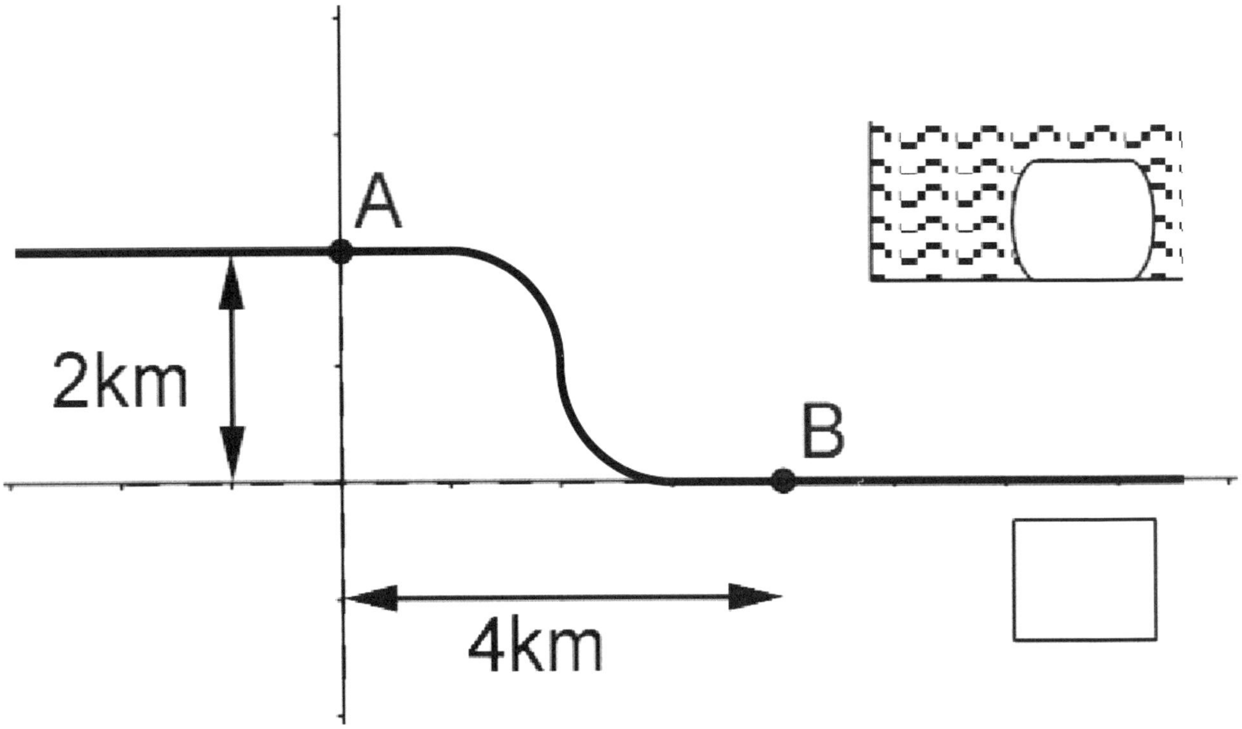

Lösungsfolie: Verbindung der Punkt A und B durch zwei quadratische Funktionen

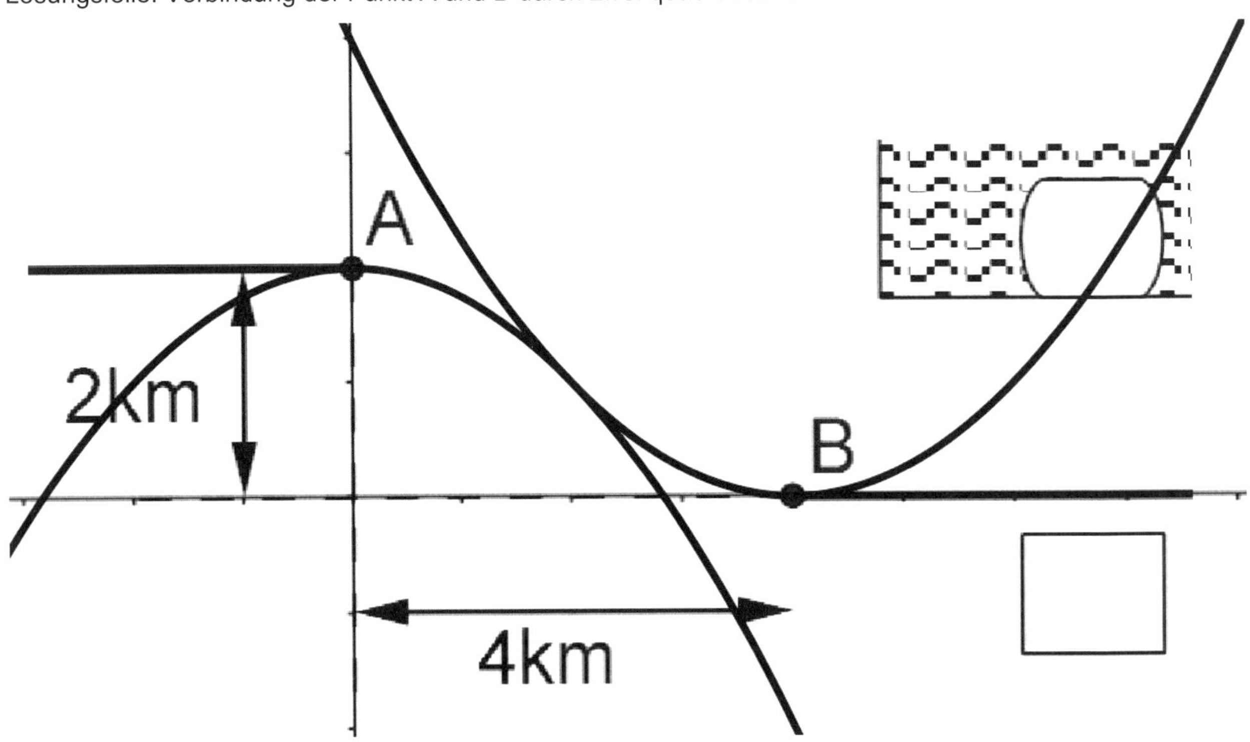

Lösungsfolie: Verbindung der Punkt A und B durch eine kubische Funktion

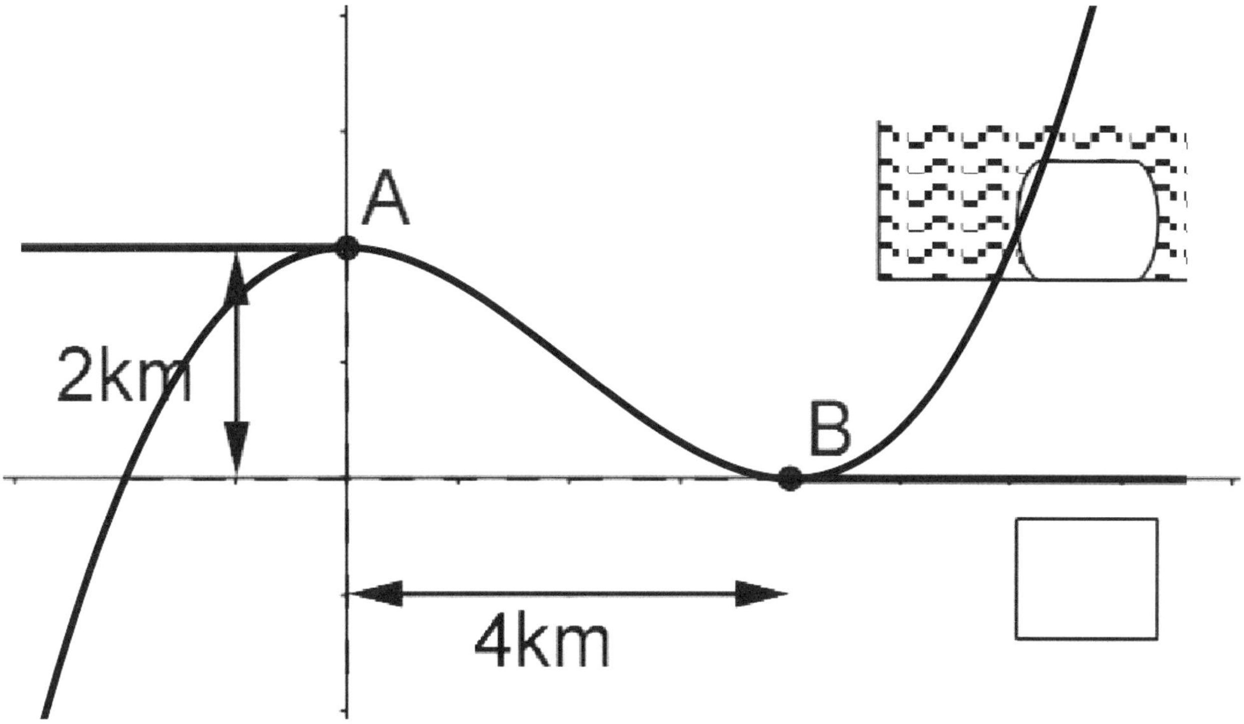

Lösungsfolie: Verbindung der Punkt A und B durch eine Funktion fünften Grades

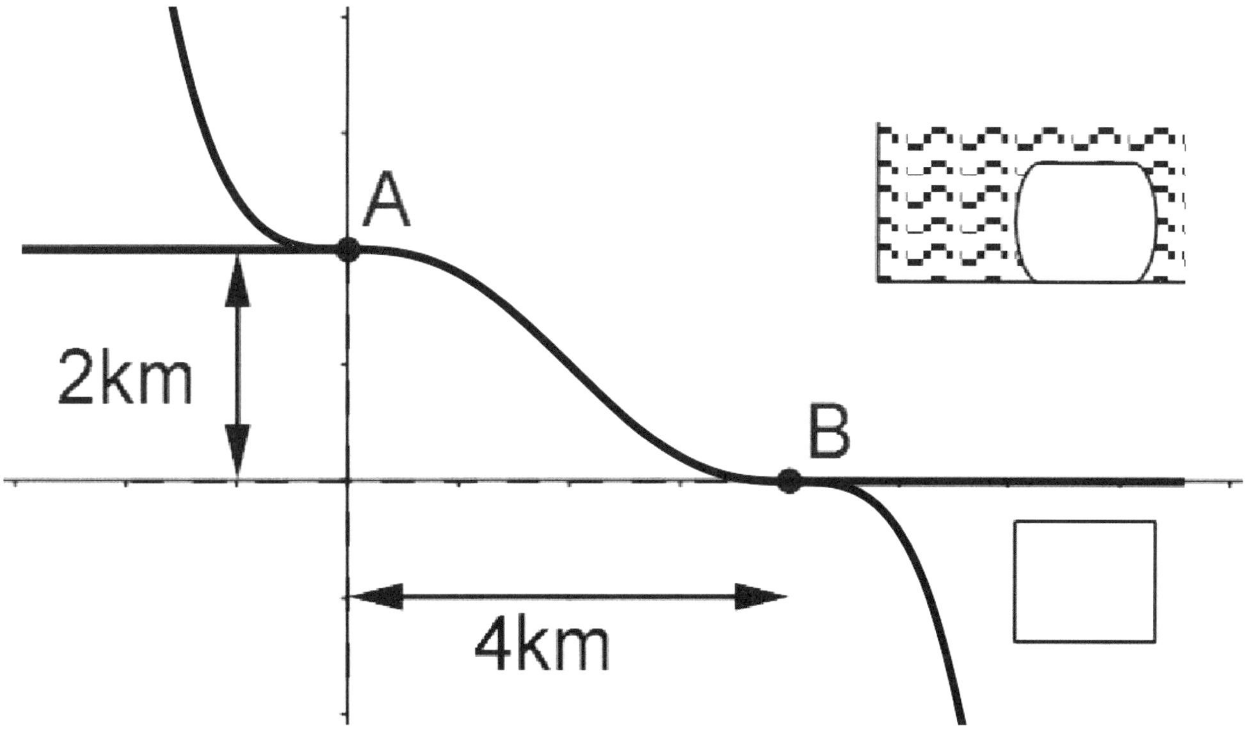

LM 3.2 Folienvorlage zum Gauß-Algorithmus in Matrixschreibweise

$$\left[\begin{array}{ccc|c} 1 & 1 & 1 & 1 \\ 4 & 2 & 1 & 4 \\ 1 & -1 & 1 & 7 \end{array}\right] \begin{array}{l} \cdot(-4) \\ \cdot 1 \\ \end{array}\Big\}+ \qquad \begin{array}{l} \cdot(-1) \\ \\ \cdot 1 \end{array}\Big\}+$$

$$\left[\begin{array}{ccc|c} 1 & 1 & 1 & 1 \\ 0 & -2 & -3 & 0 \\ 0 & -2 & 0 & 6 \end{array}\right] \begin{array}{l} \\ \cdot(-1) \\ \end{array}\Big\}+$$

$$\left[\begin{array}{ccc|c} 1 & 1 & 1 & 1 \\ 0 & 2 & 3 & 0 \\ 0 & 0 & 3 & 6 \end{array}\right]$$

$$\left[\begin{array}{ccc|c} 1 & 1 & 1 & 1 \\ 0 & 2 & 3 & 0 \\ 0 & 0 & 1 & 2 \end{array}\right]$$

$$\left[\begin{array}{ccc|c} 1 & 1 & 0 & -1 \\ 0 & 2 & 0 & -6 \\ 0 & 0 & 1 & 2 \end{array}\right]$$

$$\left[\begin{array}{ccc|c} 1 & 1 & 0 & -1 \\ 0 & 1 & 0 & -3 \\ 0 & 0 & 1 & 2 \end{array}\right]$$

$$\left[\begin{array}{ccc|c} 1 & 0 & 0 & 2 \\ 0 & 1 & 0 & -3 \\ 0 & 0 & 1 & 2 \end{array}\right]$$

Lösung: $a = 2, \; b = -3, \; c = 2$

LM 4.1 Folienvorlage zu SM 4.1

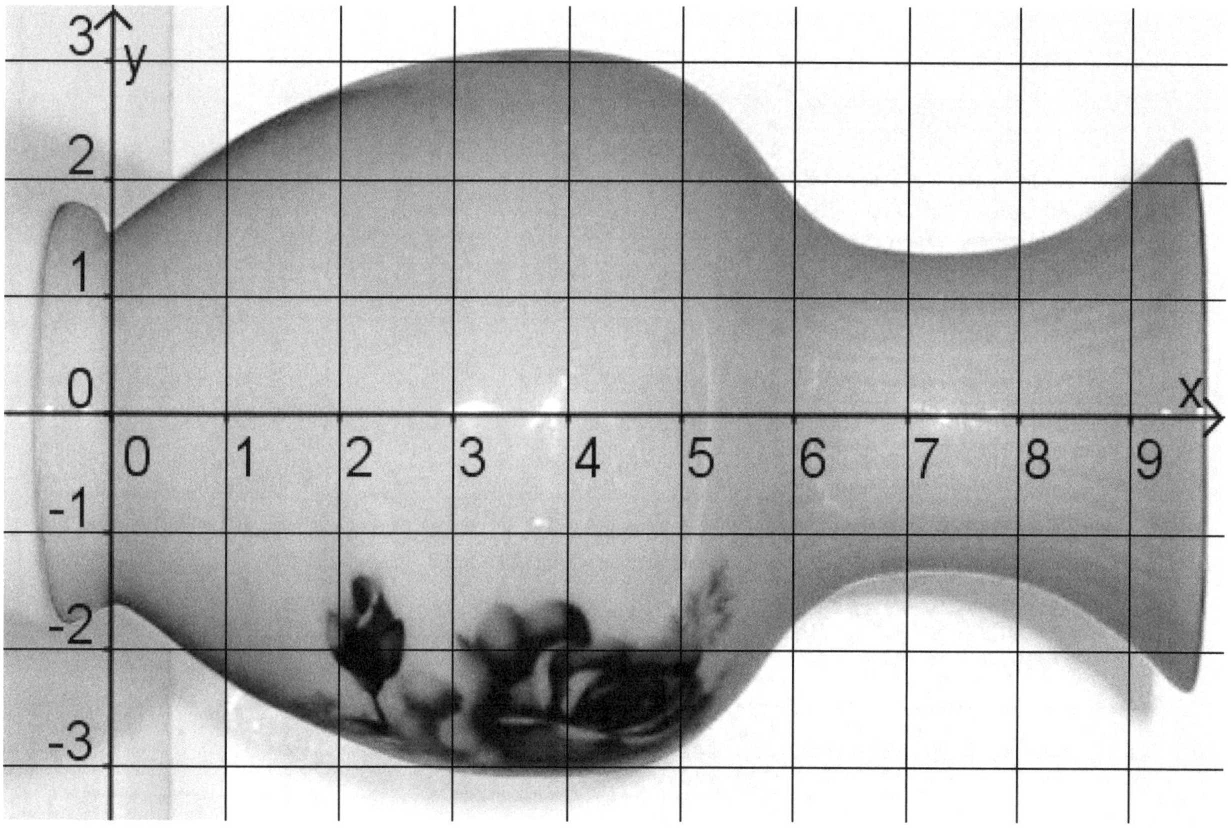

LM 4.2 Folienvorlage zu SM 4.1

<table>
<tr><th></th><th>erstes Intervall</th><th colspan="2">zweites Intervall</th><th>drittes Intervall</th></tr>
<tr><td rowspan="6">Sprungfreier Anschluss:
An den Stellen, die die Intervalle begrenzen, haben die jeweiligen Teilfunktionen die vorgegebenen Funktionswerte, diese stimmen also in den Stützstellen jeweils von beiden Seiten überein.</td><td></td><td colspan="2"></td><td></td></tr>
<tr><td></td><td colspan="2"></td><td></td></tr>
<tr><td></td><td colspan="2"></td><td></td></tr>
<tr><td></td><td colspan="2"></td><td></td></tr>
<tr><td></td><td colspan="2"></td><td></td></tr>
<tr><td></td><td colspan="2"></td><td></td></tr>
<tr><td rowspan="2">Knickfreier Anschluss:
Die ersten Ableitungen stimmen am Anschlusspunkt überein.</td><td colspan="2"></td><td colspan="2"></td></tr>
<tr><td colspan="2"></td><td colspan="2"></td></tr>
<tr><td rowspan="2">Krümmungsruckfreier Anschluss:
Zusätzlich stimmen die zweiten Ableitungen überein.</td><td colspan="2"></td><td colspan="2"></td></tr>
<tr><td colspan="2"></td><td colspan="2"></td></tr>
<tr><td rowspan="2">Die Krümmung an den Rändern ist Null.</td><td></td><td colspan="2"></td><td></td></tr>
<tr><td></td><td colspan="2"></td><td></td></tr>
</table>

<table>
<tr><th></th><th>erstes Intervall</th><th colspan="2">zweites Intervall</th><th>drittes Intervall</th></tr>
<tr><td rowspan="6">Sprungfreier Anschluss:
An den Stellen, die die Intervalle begrenzen, haben die jeweiligen Teilfunktionen die vorgegebenen Funktionswerte, diese stimmen also in den Stützstellen jeweils von beiden Seiten überein.</td><td>$s_1(x_1) = y_1$</td><td colspan="2"></td><td></td></tr>
<tr><td>$s_1(x_2) = y_2$</td><td colspan="2"></td><td></td></tr>
<tr><td></td><td colspan="2">$s_2(x_2) = y_2$</td><td></td></tr>
<tr><td></td><td colspan="2">$s_2(x_3) = y_3$</td><td></td></tr>
<tr><td></td><td colspan="2"></td><td>$s_3(x_3) = y_3$</td></tr>
<tr><td></td><td colspan="2"></td><td>$s_3(x_4) = y_4$</td></tr>
<tr><td rowspan="2">Knickfreier Anschluss:
Die ersten Ableitungen stimmen am Anschlusspunkt überein.</td><td colspan="2">$s_1'(x_2) = s_2'(x_2)$</td><td colspan="2"></td></tr>
<tr><td colspan="2"></td><td colspan="2">$s_2'(x_3) = s_3'(x_3)$</td></tr>
<tr><td rowspan="2">Krümmungsruckfreier Anschluss:
Zusätzlich stimmen die zweiten Ableitungen überein.</td><td colspan="2">$s_1''(x_2) = s_2''(x_2)$</td><td colspan="2"></td></tr>
<tr><td colspan="2"></td><td colspan="2">$s_2''(x_3) = s_3''(x_3)$</td></tr>
<tr><td rowspan="2">Die Krümmung an den Rändern ist Null.</td><td>$s_1''(x_1) = 0$</td><td colspan="2"></td><td></td></tr>
<tr><td></td><td colspan="2"></td><td>$s_3''(x_4) = 0$</td></tr>
</table>

LM 4.3 Lösungsfolie zu Aufgabe 2

			Matrix												
	Bedingung	Gleichung	a_1	b_1	c_1	d_1	a_2	b_2	c_2	d_2	a_3	b_3	c_3	d_3	
1.	$s_1(0) = 1{,}6$	$d_1 = 1{,}6$	0	0	0	1	0	0	0	0	0	0	0	0	1,6
2.	$s_1(5) = 2{,}75$	$125a_1 + 25b_1 + 5c_1 + d_1 = 2{,}75$	125	25	5	1	0	0	0	0	0	0	0	0	2,75
3.	$s_2(5) = 2{,}75$	$125a_2 + 25b_2 + 5c_2 + d_2 = 2{,}75$	0	0	0	0	125	25	5	1	0	0	0	0	2,75
4.	$s_2(7) = 1{,}4$	$343a_2 + 49b_2 + 7c_2 + d_2 = 1{,}4$	0	0	0	0	343	49	7	1	0	0	0	0	1,4
5.	$s_3(7) = 1{,}4$	$343a_3 + 49b_3 + 7c_3 + d_3 = 1{,}4$	0	0	0	0	0	0	0	0	343	49	7	1	1,4
6.	$s_3(9{,}5) = 2{,}4$	$857{,}375a_3 + 90{,}25b_3 + 9{,}5c_3 + d_3 = 2{,}4$	0	0	0	0	0	0	0	0	857	90	9,5	1	2,4
7.	$s'_1(5) = s'_2(5) \Rightarrow s'_1(5) - s'_2(5) = 0$	$75a_1 + 10b_1 + c_1 - 75a_2 - 10b_2 - c_2 = 0$	75	10	1	0	-75	-10	-1	0	0	0	0	0	0
8.	$s'_2(7) = s'_3(7) \Rightarrow s'_2(7) - s'_3(7) = 0$	$147a_2 + 14b_2 + c_2 - 147a_3 - 14b_3 - c_3 = 0$	0	0	0	0	147	14	1	0	-147	-14	-1	0	0
9.	$s''_1(5) = s''_2(5) \Rightarrow s''_1(5) - s''_2(5) = 0$	$30a_1 + 2b_1 - 30a_2 - 2b_2 = 0$	30	2	0	0	-30	-2	0	0	0	0	0	0	0
10.	$s''_2(7) = s''_3(7) \Rightarrow s''_2(7) - s''_3(7) = 0$	$42a_2 + 2b_2 - 42a_3 - 2b_3 = 0$	0	0	0	0	42	2	0	0	-42	-2	0	0	0
11.	$s''_1(0) = 0$	$2b_1 = 0$	0	2	0	0	0	0	0	0	0	0	0	0	0
12.	$s''_3(9{,}5) = 0$	$57a_3 + 2b_3 = 0$	0	0	0	0	0	0	0	0	57	2	0	0	0

LM 4.4 Lösungsfolie zu Aufgabe 4

			Matrix												
	Bedingung	Gleichung	a_1	b_1	c_1	d_1	a_2	b_2	c_2	d_2	a_3	b_3	c_3	d_3	
1.	$s_1(0) = -3$	$d_1 = -3$	0	0	0	1	0	0	0	0	0	0	0	0	-3
2.	$s_1(6) = 0$	$216a_1 + 36b_1 + 6c_1 + d_1 = 0$	216	36	6	1	0	0	0	0	0	0	0	0	0
3.	$s_2(6) = 0$	$216a_2 + 36b_2 + 6c_2 + d_2 = 0$	0	0	0	0	216	36	6	1	0	0	0	0	0
4.	$s_2(8) = 3$	$512a_2 + 64b_2 + 8c_2 + d_2 = 3$	0	0	0	0	512	64	8	1	0	0	0	0	3
5.	$s_3(8) = 3$	$512a_3 + 64b_3 + 8c_3 + d_3 = 3$	0	0	0	0	0	0	0	0	512	64	8	1	3
6.	$s_3(9) = 9$	$729a_3 + 81b_3 + 9c_3 + d_3 = 9$	0	0	0	0	0	0	0	0	729	81	9	1	9
7.	$s`_1(6) = s`_2(6) \Rightarrow s`_1(6) - s`_2(6) = 0$	$108a_1 + 12b_1 + c_1 - 108a_2 - 12b_2 - c_2 = 0$	108	12	1	0	-108	-12	-1	0	0	0	0	0	0
8.	$s`_2(8) = s`_3(8) \Rightarrow s`_2(8) - s`_3(8) = 0$	$192a_2 + 16b_2 + c_2 - 192a_3 - 16b_3 - c_3 = 0$	0	0	0	0	192	16	1	0	-192	-16	-1	0	0
9.	$s``_1(6) = s``_2(6) \Rightarrow s``_1(6) - s``_2(6) = 0$	$36a_1 + 2b_1 - 36a_2 - 2b_2 = 0$	36	2	0	0	-36	-2	0	0	0	0	0	0	0
10.	$s``_2(8) = s``_3(8) \Rightarrow s``_2(8) - s``_3(8) = 0$	$28a_2 + 2b_2 - 48a_3 - 2b_3 = 0$	0	0	0	0	48	2	0	0	-48	-2	0	0	0
11.	$s``_1(0) = 0$	$2b_1 = 0$	0	2		0	0	0	0	0	0	0	0	0	0
12.	$s``_3(9) = 0$	$54a_3 + 2b_3 = 0$	0	0	0	0	0	0	0	0	54	2	0	0	0

LM 4.5 Folie für Spline-Interpolation mit vier Stützstellen

			Matrix												
	Bedingung	Gleichung	a_1	b_1	c_1	d_1	a_2	b_2	c_2	d_2	a_3	b_3	c_3	d_3	
1.															
2.															
3.															
4.															
5.															
6.															
7.															
8.															
9.															
10.															
11.															
12.															

LM 4.6 Folie für Spline-Interpolation mit fünf Stützstellen

	Bedingung	Matrix																
		a_1	b_1	c_1	d_1	a_2	b_2	c_2	d_2	a_3	b_3	c_3	d_3	a_4	b_4	c_4	d_4	
1.																		
2.																		
3.																		
4.																		
5.																		
6.																		
7.																		
8.																		
9.																		
10.																		
11.																		
12.																		
13.																		
14.																		
15.																		
16.																		

LM 4.7 Lösung zu Aufgabe 5

$$\text{Matrix: } M=\begin{pmatrix} 0&0&0&1&0&0&0&0&0&0&0&0&0\\ 1&1&1&1&0&0&0&0&0&0&0&0&1\\ 0&0&0&0&1&1&1&1&0&0&0&0&1\\ 0&0&0&0&64&16&4&1&0&0&0&0&2\\ 0&0&0&0&0&0&0&0&64&16&4&1&2\\ 0&0&0&0&0&0&0&0&1000&100&10&1&0\\ 3&2&1&0&-3&-2&-1&0&0&0&0&0&0\\ 0&0&0&0&48&8&1&0&-48&-8&-1&0&0\\ 6&2&0&0&-6&-2&0&0&0&0&0&0&0\\ 0&0&0&0&24&2&0&0&-24&-2&0&0&0\\ 0&2&0&0&0&0&0&0&0&0&0&0&0\\ 0&0&0&0&0&0&0&0&60&2&0&0&0 \end{pmatrix}$$

$$\operatorname{rref}(M)=\left(\begin{array}{cccccccccccc|c} 1&0&0&0&0&0&0&0&0&0&0&0&-\frac{140}{1707}\\ 0&1&0&0&0&0&0&0&0&0&0&0&0\\ 0&0&1&0&0&0&0&0&0&0&0&0&\frac{1847}{1707}\\ 0&0&0&1&0&0&0&0&0&0&0&0&0\\ 0&0&0&0&1&0&0&0&0&0&0&0&\frac{134}{5121}\\ 0&0&0&0&0&1&0&0&0&0&0&0&-\frac{554}{1707}\\ 0&0&0&0&0&0&1&0&0&0&0&0&\frac{2401}{1707}\\ 0&0&0&0&0&0&0&1&0&0&0&0&-\frac{554}{5121}\\ 0&0&0&0&0&0&0&0&1&0&0&0&\frac{1}{1707}\\ 0&0&0&0&0&0&0&0&0&1&0&0&-\frac{10}{569}\\ 0&0&0&0&0&0&0&0&0&0&1&0&-\frac{305}{1707}\\ 0&0&0&0&0&0&0&0&0&0&0&1&\frac{5050}{1707} \end{array}\right)$$

$$s(x)=\begin{cases} -\frac{140}{1707}x^3+\frac{1847}{1707}x & |\ 0\le x<1\\ \frac{134}{5121}x^3-\frac{554}{1707}x^2+\frac{2401}{1707}x-\frac{554}{5121} & |\ 1\le x<4\\ \frac{1}{1707}x^3-\frac{10}{569}x^2-\frac{305}{1707}x+\frac{5050}{1707} & |\ 4\le x\le 10 \end{cases}$$

LM 4.8 Lösung zu Aufgabe 6

$$
M = \left(\begin{array}{cccccccccccccccc|c}
0 & 0 & 0 & 1 & 0 & 0 & 0 & 0 & 0 & 0 & 0 & 0 & 0 & 0 & 0 & 0 & 1 \\
27 & 9 & 3 & 1 & 0 & 0 & 0 & 0 & 0 & 0 & 0 & 0 & 0 & 0 & 0 & 0 & 2 \\
0 & 0 & 0 & 0 & 27 & 9 & 3 & 1 & 0 & 0 & 0 & 0 & 0 & 0 & 0 & 0 & 2 \\
0 & 0 & 0 & 0 & 216 & 36 & 6 & 1 & 0 & 0 & 0 & 0 & 0 & 0 & 0 & 0 & 2 \\
0 & 0 & 0 & 0 & 0 & 0 & 0 & 0 & 216 & 36 & 6 & 1 & 0 & 0 & 0 & 0 & 2 \\
0 & 0 & 0 & 0 & 0 & 0 & 0 & 0 & 343 & 49 & 7 & 1 & 0 & 0 & 0 & 0 & \frac{3}{2} \\
0 & 0 & 0 & 0 & 0 & 0 & 0 & 0 & 0 & 0 & 0 & 0 & 343 & 49 & 7 & 1 & \frac{3}{2} \\
0 & 0 & 0 & 0 & 0 & 0 & 0 & 0 & 0 & 0 & 0 & 0 & 512 & 64 & 8 & 1 & \frac{5}{2} \\
27 & 6 & 1 & 0 & -27 & -6 & -1 & 0 & 0 & 0 & 0 & 0 & 0 & 0 & 0 & 0 & 0 \\
0 & 0 & 0 & 0 & 108 & 12 & 1 & 0 & -108 & -12 & -1 & 0 & 0 & 0 & 0 & 0 & 0 \\
0 & 0 & 0 & 0 & 0 & 0 & 0 & 0 & 147 & 14 & 1 & 0 & -147 & -14 & -1 & 0 & 0 \\
18 & 2 & 0 & 0 & -18 & -2 & 0 & 0 & 0 & 0 & 0 & 0 & 0 & 0 & 0 & 0 & 0 \\
0 & 0 & 0 & 0 & 36 & 2 & 0 & 0 & -36 & -2 & 0 & 0 & 0 & 0 & 0 & 0 & 0 \\
0 & 0 & 0 & 0 & 0 & 0 & 0 & 0 & 42 & 2 & 0 & 0 & -42 & -2 & 0 & 0 & 0 \\
0 & 2 & 0 & 0 & 0 & 0 & 0 & 0 & 0 & 0 & 0 & 0 & 0 & 0 & 0 & 0 & 0 \\
0 & 0 & 0 & 0 & 0 & 0 & 0 & 0 & 0 & 0 & 0 & 0 & 48 & 2 & 0 & 0 & 0
\end{array}\right)
$$

$$
\mathrm{rref}(M) = \left(\begin{array}{cccccccccccccccc|c}
1 & 0 & 0 & 0 & 0 & 0 & 0 & 0 & 0 & 0 & 0 & 0 & 0 & 0 & 0 & 0 & \frac{1}{6048} \\
0 & 1 & 0 & 0 & 0 & 0 & 0 & 0 & 0 & 0 & 0 & 0 & 0 & 0 & 0 & 0 & 0 \\
0 & 0 & 1 & 0 & 0 & 0 & 0 & 0 & 0 & 0 & 0 & 0 & 0 & 0 & 0 & 0 & \frac{223}{672} \\
0 & 0 & 0 & 1 & 0 & 0 & 0 & 0 & 0 & 0 & 0 & 0 & 0 & 0 & 0 & 0 & 1 \\
0 & 0 & 0 & 0 & 1 & 0 & 0 & 0 & 0 & 0 & 0 & 0 & 0 & 0 & 0 & 0 & -\frac{229}{6048} \\
0 & 0 & 0 & 0 & 0 & 1 & 0 & 0 & 0 & 0 & 0 & 0 & 0 & 0 & 0 & 0 & \frac{115}{336} \\
0 & 0 & 0 & 0 & 0 & 0 & 1 & 0 & 0 & 0 & 0 & 0 & 0 & 0 & 0 & 0 & -\frac{467}{672} \\
0 & 0 & 0 & 0 & 0 & 0 & 0 & 1 & 0 & 0 & 0 & 0 & 0 & 0 & 0 & 0 & \frac{227}{112} \\
0 & 0 & 0 & 0 & 0 & 0 & 0 & 0 & 1 & 0 & 0 & 0 & 0 & 0 & 0 & 0 & \frac{347}{672} \\
0 & 0 & 0 & 0 & 0 & 0 & 0 & 0 & 0 & 1 & 0 & 0 & 0 & 0 & 0 & 0 & -\frac{1079}{112} \\
0 & 0 & 0 & 0 & 0 & 0 & 0 & 0 & 0 & 0 & 1 & 0 & 0 & 0 & 0 & 0 & \frac{39757}{672} \\
0 & 0 & 0 & 0 & 0 & 0 & 0 & 0 & 0 & 0 & 0 & 1 & 0 & 0 & 0 & 0 & -\frac{1883}{16} \\
0 & 0 & 0 & 0 & 0 & 0 & 0 & 0 & 0 & 0 & 0 & 0 & 1 & 0 & 0 & 0 & -\frac{271}{672} \\
0 & 0 & 0 & 0 & 0 & 0 & 0 & 0 & 0 & 0 & 0 & 0 & 0 & 1 & 0 & 0 & \frac{271}{28} \\
0 & 0 & 0 & 0 & 0 & 0 & 0 & 0 & 0 & 0 & 0 & 0 & 0 & 0 & 1 & 0 & -\frac{51089}{672} \\
0 & 0 & 0 & 0 & 0 & 0 & 0 & 0 & 0 & 0 & 0 & 0 & 0 & 0 & 0 & 1 & \frac{791}{4}
\end{array}\right)
$$

LM 5.1 Folienvorlage zu Aufgabe 6

a) Geben Sie jeweils eine Gleichung zu der Funktionenschar an.

(I)

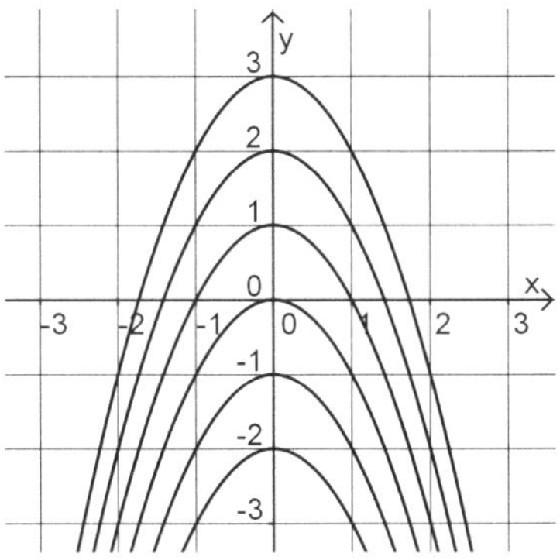

(II)

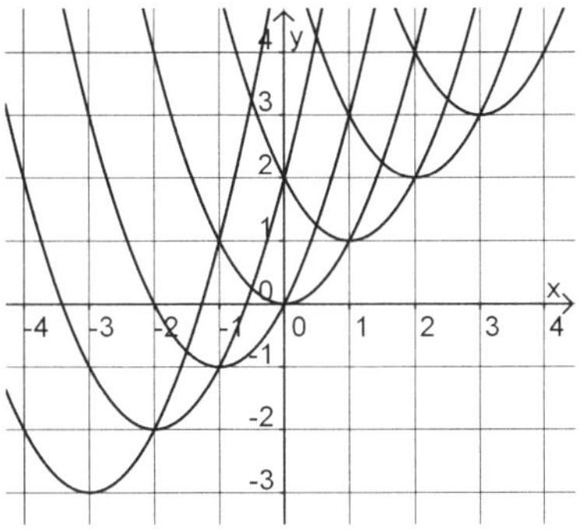

(III)

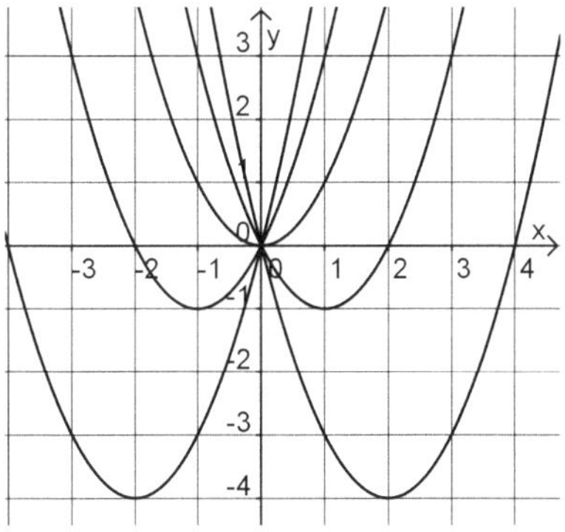

LM 5.2 Folienvorlage zu Aufgabe 10

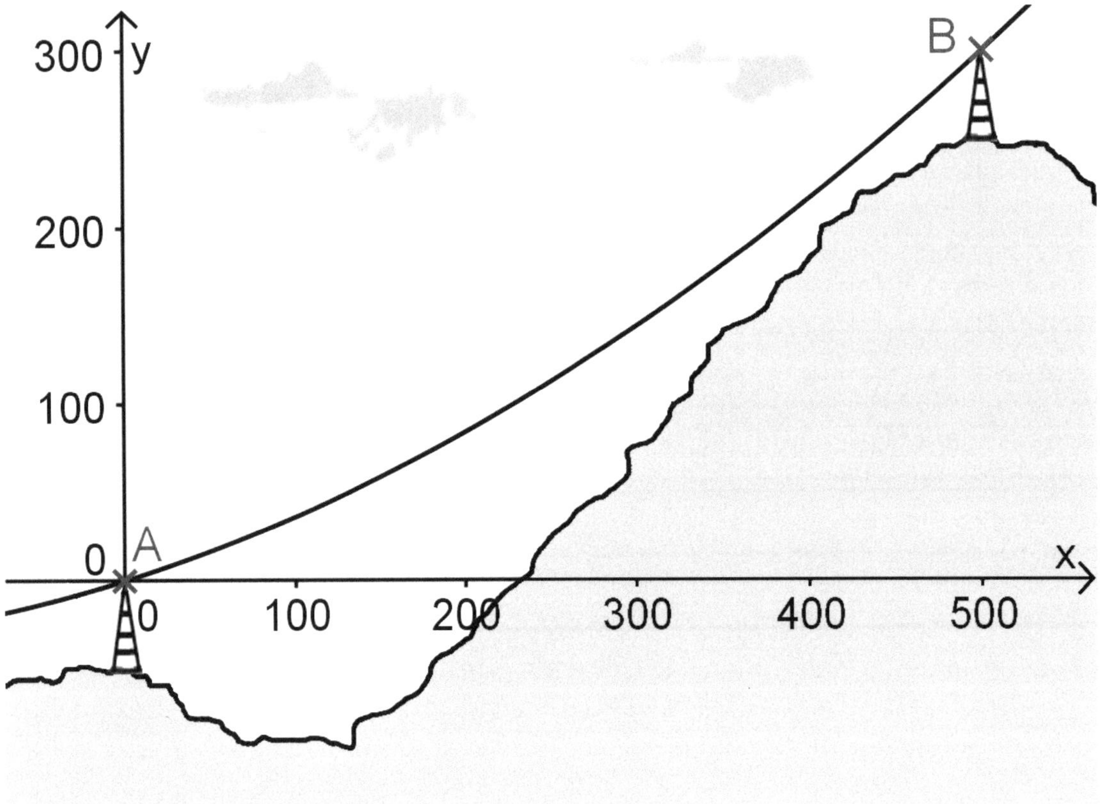

7. Wissensspeicher

Wendepunkte

Eine Stelle x_0 , an der der Graph von f von einer Linkskurve in eine Rechtskurve übergeht oder umgekehrt, heißt **Wendestelle**, der zugehörige Punkt **Wendepunkt**. An dieser Stelle besitzt der Graph maximale bzw. minimale Steigung.

Für eine Funktion f mit den Ableitungsfunktionen f', f'' und f''' in einem Intervall gilt:

Wenn f'' an der Stelle x_W eine Nullstelle mit Vorzeichenwechsel hat, dann ist x_W Wendestelle von f.

Wenn $f''(x_w) = 0$ und zugleich $f'''(x_w) \neq 0$ gilt, dann ist x_W Wendestelle von f. Gilt $f'''(x_w) = 0$ in dieser wenn-dann-Beziehung, ist das Vorliegen eines Wendepunktes nicht ausgeschlossen (Beispiel: $f(x)=x^5$).

Ist $f''(x) < 0$, so ist der zugehörige Teil der Kurve rechtsgekrümmt, ist $f'' > 0$, so ist er linksgekrümmt.

Ein **Sattelpunkt** ist ein Wendepunkt mit einer waagerechten Tangente.

Stetigkeit

Bei den Übergängen zwischen stückweise ganzrationalen Funktionen haben wir folgende Bezeichnungen eingeführt:

Sprung:

Wenn die Funktionswerte bei Annäherung an die Übergangsstelle von links gegen einen anderen Grenzwert streben als bei Annäherung von rechts, liegt ein Sprung vor.

Beispiel: $f(x) = \begin{cases} 2 \cdot x & \text{für } x \leq 2 \\ x^2 + 0{,}5 & \text{für } 2 < x \end{cases}$

(Hinweis zur Zeichnung: Der Punkt, der zum Graph gehört, ist gefüllt, der Punkt, der nicht dazu gehört, ist leer.)

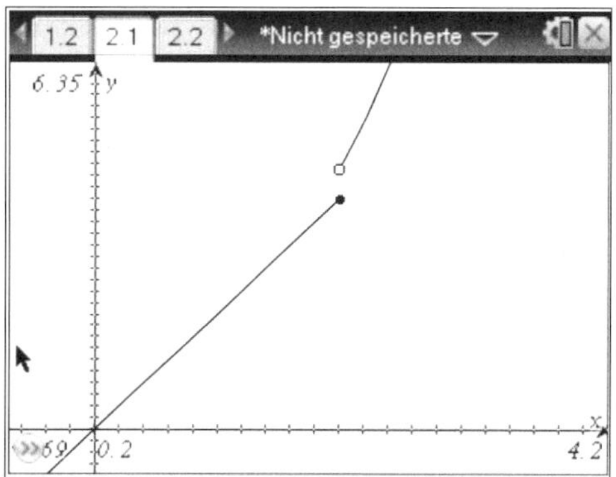

Sprungfrei:

Wenn die beiden Grenzwerte bei Annäherung an die Übergangsstelle gleich sind, dann nennen wir den Graphen sprungfrei.

Beispiel: $g(x) = \begin{cases} 2 \cdot x & \text{für } x \leq 2 \\ x^2 & \text{für } 2 < x \end{cases}$

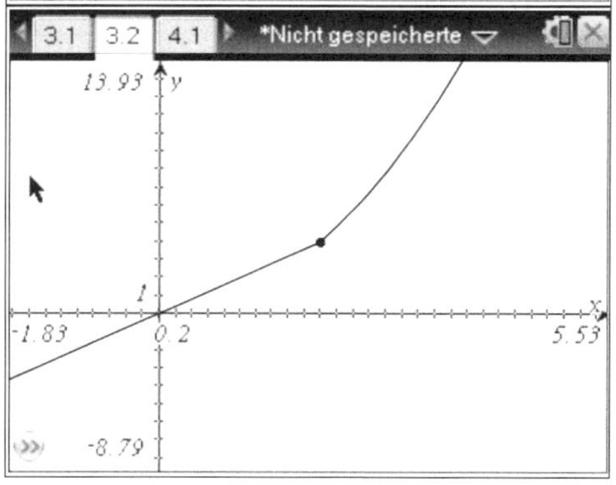

Wenn man den Begriff ‚sprungfrei' mathematisch exakter fasst, dann gelangt man zu dem Begriff der **Stetigkeit**.

Eine Funktion f heißt **stetig** an einer Stelle x, wenn $\lim\limits_{h \to 0} f(x+h)$ existiert und der links- und rechtsseitige Grenzwert gleich sind: $\lim\limits_{h \to 0} f(x-h) = \lim\limits_{h \to 0} f(x+h),\ h > 0$.

Eine Funktion heißt **stetig**, wenn sie an jeder Stelle ihres Definitionsbereiches stetig ist.

Die Funktion f aus dem obigen Beispiel ist an der Stelle $x = 2$ **unstetig** und die Funktion g ist an der Stelle $x = 2$ **stetig**.

Differenzierbarkeit

Wenn man die Funktion g betrachtet, dann hat diese vor dem Übergang überall die Steigung 2 und bei Annäherung von rechts an die Stelle nähert sich die Steigung immer mehr dem Wert 4. An der Stelle selber hat der Graph einen **Knick**.

Knickfrei

Die Funktion h hat links der Stelle $x = 2$ überall die Steigung 2. Nähert man sich der Stelle 2 von rechts, dann nähert sich die Steigung dem Wert 2. An der Stelle $x = 2$ ist die Funktion knickfrei.

Beispiel: $h(x) = \begin{cases} 2 \cdot x; & x \leq 2 \\ 0{,}5 \cdot x^2 + 2; & 2 < x \end{cases}$

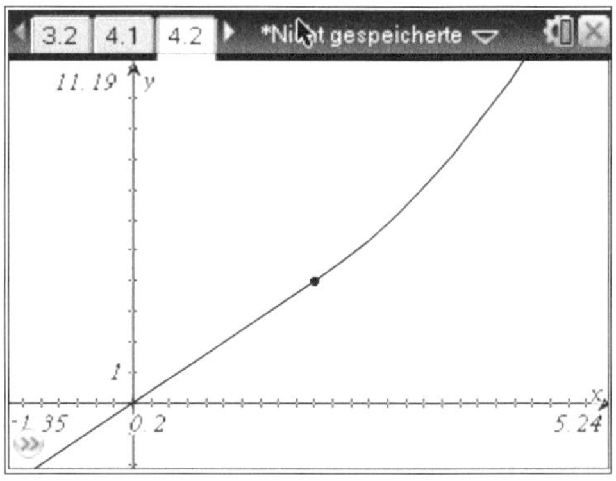

Wenn man den Begriff ‚knickfrei' mathematisch exakter fasst, dann gelangt man zu dem Begriff der **Differenzierbarkeit**.

Eine Funktion f heißt **differenzierbar** an einer Stelle x, wenn der Grenzwert des Differenzenquotienten existiert, d.h. der links- und rechtseitige Grenzwert gleich sind:

$$\lim_{h \to 0} \frac{f(x+h) - f(x)}{h} = \lim_{h \to 0} \frac{f(x) - f(x-h)}{h}, \; h > 0 .$$

Eine Funktion heißt **differenzierbar**, wenn sie an jeder Stelle ihres Definitionsbereiches differenzierbar ist.

Die Funktionen f und g sind an der Stelle $x = 2$ nicht differenzierbar, h ist an der Stelle $x = 2$ differenzierbar.

Damit eine Funktion in x_0 differenzierbar ist, muss sie in jedem Fall an dieser Stelle stetig sein.

Nicht jede stetige Funktion ist differenzierbar.

Gaußscher Algorithmus / vollständiger Gaußscher Algorithmus

Eine mögliche Umformungsanweisung:

- Falls nötig, werden die Gleichungen umgeformt, so dass auf der einen Seite des Gleichheitszeichens die Variablen geordnet nacheinander stehen und auf der anderen Seite alle Zahlen. Sollte in der ersten Gleichung die erste Variable nicht auftauchen, so wird die erste Gleichung mit einer passenden anderen Gleichung vertauscht. Dann wird die Matrix aufgestellt.
- Zunächst werden in der 1. Spalte von der 2. Zeile abwärts Nullen hergestellt. Dazu kann man von jeder Zeile die erste, ein Vielfaches der ersten oder einer anderen Zeile subtrahieren.
- Danach werden in der 2. Spalte von der 3. Zeile abwärts mit demselben Vorgehen wie bei Schritt 2 Nullen hergestellt.
- So verfährt man mit den anderen Zeilen, bis man eine Dreiecksform erreicht hat, bei der unter der Diagonalen der Koeffizientenmatrix nur Nullen stehen.
- Durch Rückwärtsrechnen lassen sich die Variablen bestimmen.
- Einfacher wird es, wenn in der Diagonalen nur Einsen stehen.
- Noch einfacher wird es, wenn die Matrix in die Zeilen-Stufen-Form umgeformt ist, in der oberhalb und unterhalb der Diagonalen der Koeffizientenmatrix nur Nullen stehen.

Spline-Interpolation

Es sind n Datenpunkte gegeben. Dazu wird eine Splinefunktion folgendermaßen bestimmt:

- Die Splinefunkion ist abschnittsweise definiert, und zwar für die n-1 Abschnitte zwischen den Stellen, die zu den Datenpunkten gehören. Diese Stellen nennt man *Stützstellen.*
- In jedem Abschnitt ist der Funktionsterm ganzrational von (höchstens) drittem Grad.
- An den Stützstellen stimmen die Funktionswerte der Teilfunktionen der Abschnitte überein. Ebenso stimmen jeweils die ersten und zweiten Ableitungen an diesen Stellen überein.
- Im ersten und im n-ten Datenpunkt ist der Graph einer *natürlichen* Splinefunktion ungekrümmt; die zweite Ableitung der Funktion hat dort jeweils den Wert Null.

Vergleich Interpolation, Spline-Interpolation, Regression

Mit dem Verfahren der *Interpolation* erhält man einen ganzrationalen Funktionsterm, dessen Graph durch alle gegebenen Punkte verläuft. Allerdings kann der Graph zwischen diesen Punkten stark oszillieren.

Mit der *Spline-Interpolation* erhält man eine abschnittsweise definierte Funktion, deren Graph durch die gegebenen Punkte verläuft, eine möglichst geringe Krümmung aufweist und auch zwischen den Punkten wenig oszilliert.

Bei einer *Regression* kann der Graph einzelne oder sogar alle Punkte nicht treffen. Er gibt einen durch (Mess-)Werte gegebenen graphischen Verlauf möglichst gut wieder. Der Funktionsterm ist so einfach wie möglich, der Funktionstyp ist der Problemstellung angemessen gewählt.

Funktionenscharen

Ein Term, der neben einer Funktionsvariablen (z.B. der Variablen x) noch weitere Variablen (z.B. k oder a) enthält, definiert mehrere Funktionen. Die weiteren Variablen nennt man Parameter. Sie sind frei wählbar, werden aber dann konstant gehalten. Die Menge der durch einen solchen Term definierten Funktionen nennt man **Funktionenschar**.

Beispiele:

Funktionenschar mit einem Parameter

$f_a(x) = f(x,a) = a \cdot x^2$ definiert die Schar aller Parabeln durch (0 | 0), deren Öffnungsfaktoren durch a definiert sind.

$f_k(x) = f(x,k) = (x-k)^2 + k$ definiert die Schar aller Parabeln, deren Scheitelpunkte S(k | k) sind.

Funktionenschar mit zwei Parametern

$f_{m,n}(x) = f(x,m,n) = (x-m)(x-n)$ definiert die Schar aller Parabeln, deren Nullstellen m und n sind.

Ortslinien

Einen Graphen, auf dem alle Hochpunkte, Tiefpunkte oder Wendepunkte einer Funktionenschar mit einem Parameter liegen, bezeichnet man als **Ortslinie** aller Hoch-, Tief oder Wendepunkte.

Vorgehen zur Bestimmung von Ortslinien

- Die Koordinaten der zu betrachtenden Punkte werden allgemein in Abhängigkeit des Parameters bestimmt.
- Die Gleichung mit dem Term für die x-Koordinate wird nach dem Parameter aufgelöst.
- Durch das Ergebnis (Term in Abhängigkeit von x) wird der Parameter im Term für die y-Koordinate ersetzt.
- Diese Gleichung beschreibt die Ortslinie.

8. Checkliste zur Selbsteinschätzung

Schätzen Sie Ihre Kenntnisse ein und machen Sie ein Kreuz in der entsprechenden Spalte.

Ich kann	**kann ich gut**	**muss ich noch üben**	**ich brauche Hilfe**
• Wendepunkte des Funktionsgraphen als Übergang von einer Links- in eine Rechtskurve (oder umgekehrt) erkennen und weiß, dass dort die Steigung des Graphen minimal oder maximal ist.			
• zu einer gegebenen Funktion (Graph und Gleichung) die Wendepunkte bestimmen.			
• Sattelpunkte als spezielle Wendepunkte erkennen.			
• zu einer gegebenen ‚Steckbriefaufgabe' oder einem gegebenen Graphen die Bedingungsgleichungen aufstellen und die Koeffizienten der ganzrationalen Interpolationsfunktion bestimmen.			
• stückweise definierte Funktionen an ihren Übergangsstellen auf Stetigkeit und Differenzierbarkeit untersuchen.			
• Gleichungen stetig und krümmungsruckfrei zusammengesetzter Funktionen aus Bedingungen ermitteln.			
• einfache lineare Gleichungssysteme mit dem Gauss-Algorithmus ohne TC-Hilfe in die Diagonalform bringen.			
• lineare Gleichungssysteme mit dem ‚rref'-Befehl oder dem ‚solve'-Befehl des TC lösen.			
• eine Interpolation mit kubischen Splines durchführen und die Strategie beschreiben.			
• die Strategien der Interpolation und Regression unterscheiden und in Anwendungssituationen passend anwenden.			
• die Funktionen und deren Graphen einer Funktionenschar beschreiben und im Hinblick auf deren Eigenschaften in Abhängigkeit vom Parameter klassifizieren.			
• die Gleichung einer Ortslinie für bestimmte Punkte (z.B. Extrema) einer Funktionenschar angeben.			

9. Hilfsmittelfreie Aufgaben

1. Untersuche den Graphen der Funktion $f(x) = 2x^3 + 2$ auf Wendepunkte.

2. Markiere die Wendepunkte im Graphen.

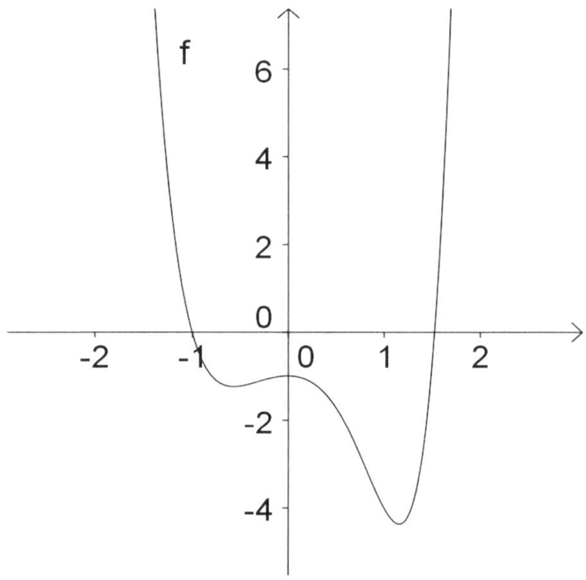

3. Löse:

$$\left| \begin{array}{ll} 2 \cdot x + 3 \cdot y & = 4 \\ x + y & = 1 \end{array} \right|$$

$$\left| \begin{array}{llll} 4x & +3y & +3z & = 6 \\ x & +3y & -z & = 4 \\ 4x & +3y & +3z & = 1 \end{array} \right|$$

10. Klausuraufgaben

Aufgabe 1

In der nebenstehenden Zeichnung sehen Sie den Graphen einer ganzrationalen Funktion *f*.

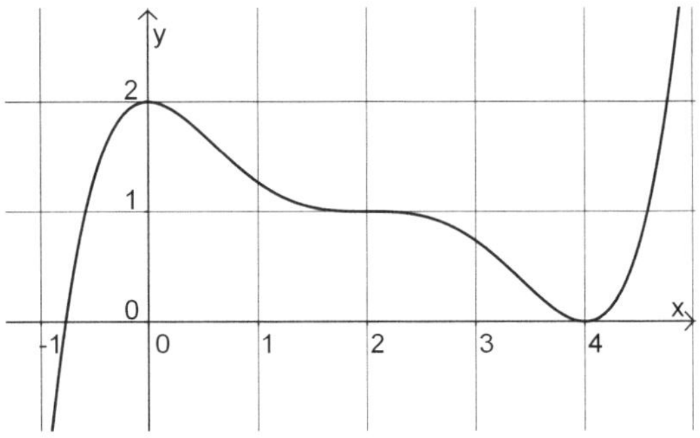

- Nehmen Sie jeweils begründet Stellung zu den untenstehenden Aussagen:
- f hat mindestens den Grad 5.
- Der Graph der Ableitungsfunktion f‘ hat an der Stelle 2 einen Extrempunkt.
- Die Ableitungsfunktion f‘ fällt im Bereich von 0 bis 4.
- Für $0 < x < 1$ gilt $f'(x) < 0$.
- Gehen Sie davon aus, dass die Funktion 5.Grades ist. Formulieren Sie eine Mindestanzahl an Bedingungen als Gleichungen, die diesen Graphen möglichst eindeutig charakterisieren.

Aufgabe 2

Der Temperaturverlauf während eines Tages wird für $0<t<23$ Uhr modellhaft durch die Funktion f mit

$f(t) = -0{,}01\,t^3 + 0{,}24\,t^2 + 6$ beschrieben. (t:Uhrzeit in Stunden und f(t): Temperatur in °C)

a) Skizzieren Sie den Graphen in ein geeignetes Koordinatensystem.

b) Berechnen Sie die Temperatur zu Beginn und am Ende des vorgegebenen Zeitintervalls. Bestimmen Sie die Uhrzeit, zu der der Tageshöchstwert erreicht wird, und prüfen Sie, ob es sich um einen Sommertag handelt. (Sommertag: Tag, an dem die Höchsttemperatur 25 °C übertrifft)

c) Bestimmen Sie den Wendepunkt W. Interpretieren Sie Ihr Ergebnis im Sachzusammenhang.

Aufgabe 3

Ein landwirtschaftlicher Betrieb untersucht, ob er durch eine Änderung der Düngung die Getreideproduktion erhöhen kann.

Die Funktion E mit $E(x) = -17{,}29x^3 + 9{,}58x^2 + 6{,}46x + 4{,}48$ ergibt den Ernteertrag an Getreide in Tonnen (pro Hektar) an. x gibt dabei die eingesetzte Düngermenge in Tonnen (pro Hektar) an.

a) Skizzieren Sie den Graphenverlauf im Bereich $0 \le x \le 1{,}1$.
Erklären Sie, warum der gewählte Bereich sinnvoll ist.

b) Geben Sie eine Empfehlung für die ‚optimale‘ Düngermenge an.

c) Eine Tonne Getreide erzielt einen Verkaufspreis von ca. 140€.
Begründen Sie, dass die Schar G_k mit $G_k(x) = 140 \cdot E(x) - k \cdot x$ den Gewinn des Betriebes (pro Hektar) in Abhängigkeit des Düngerpreises k in € pro Tonnen angibt.

d) Bestimmen Sie den maximalen Gewinn bei einem Düngerpreis von 360€ pro Tonne Dünger.
Prüfen Sie, ob Ihre Düngeempfehlung aus Aufgabenteil 2.2 noch sinnvoll ist.

e) Beschreiben Sie den Einfluss des Parameters k auf die optimale Düngermenge x allgemein.
Belegen Sie Ihre Beschreibung durch entsprechende Berechnungen.
Es kann davon ausgegangen werden, dass sich das Maximum im Intervall [0 ; 1,1] befindet.

Aufgabe 4

Bestimmen Sie die Gleichung der Funktion dritten Grades, die die folgenden Bedingungen erfüllt:

Sie hat im Ursprung eine Tangente mit der Gleichung y = x. Der Punkt $W\left(\frac{1}{3}\middle|\frac{7}{27}\right)$ ist ein Wendepunkt.

Aufgabe 5

Gegeben ist die Funktionenschar f_a mit der Gleichung $f_a(x) = x^3 - 2x^2 + a \cdot x$.

a) Zeigen Sie, dass alle Graphen der Schar die gleiche Wendestelle besitzen.

b) Ermitteln Sie die Extrempunkte in Abhängigkeit von a.
Geben Sie insbesondere an, für welche a Extremstellen existieren und für welches a ein Sattelpunkt auftritt.

Aufgabe 6

Ein kugelförmiger Öltank hat einen Innenradius von 1,34 m. Zur Kontrolle des Füllungszustandes wird ein Schwimmerkontakt angebracht, der sich auf h bewegt.

Die Beziehung zwischen der Höhe h und dem Volumen V wird durch die Funktion V mit $V(h) = \frac{\pi}{150} \cdot h^2 \cdot (201 - 50 \cdot h)$ beschrieben.

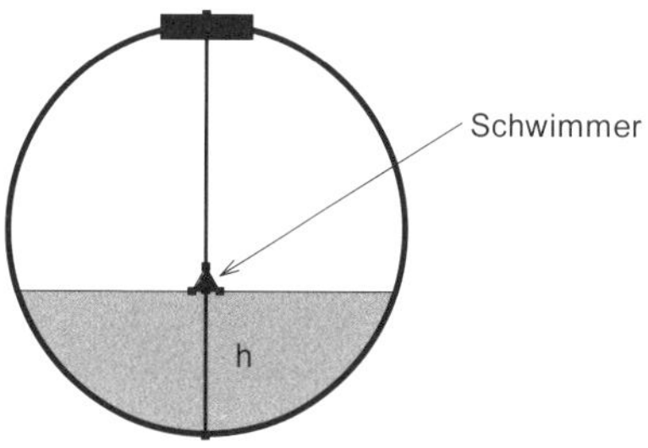

a) Skizzieren Sie den Graphen in ein geeignetes Koordinatensystem und ermitteln Sie die charakteristischen Punkte.

b) Interpretieren Sie die Bedeutung dieser Punkte im Sachzusammenhang.

Aufgabe 7

Gegeben ist die Funktionenschar $f_{a,b}$ mit der Gleichung $f_{a,b}(x) = x^3 + a \cdot x^2 + b \cdot x$.

Leiten Sie Bedingungen für die Parameter a und b her, so dass die Wendestellen auf der y-Achse liegen.

Aufgabe 8

Gegeben ist die Funktionenschar mit der Gleichung: $f_k(x) = x^3 + k \cdot x + k$

a) Betrachten Sie die Graphen für k= -3, -2, …,3 auf ihrem Rechner. Skizzieren Sie die Graphen für k= -2 ; 0 ; 2 im Heft.

b) Vergleichen Sie die Graphen im Hinblick auf Gemeinsamkeiten und Unterschiede.

c) Untersuchen Sie für welche k es Extremstellen gibt und zeigen Sie, dass alle Wendepunkte den gleichen x-Wert haben.

Aufgabe 9

In einem Industriegebiet sollen zwei Straßenstücke bestmöglich verbunden werden.

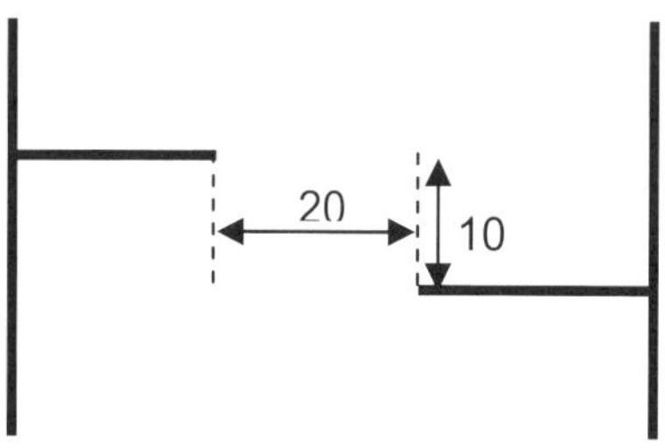

Zeichnen Sie in die Abbildung ein geeignetes Koordinatensystem ein.

Stellen Sie Bedingungen für die Funktion auf, deren Graph beide Straßenstücke verbindet.

Bestimmen Sie die Funktionsgleichung.

Aufgabe 10

Gegeben sind die Punkte A(-4|0), B(-1|0), C(0|1) und D(1|0).

a) Bestimmen Sie ein Stützpolynom f möglichst geringen Grades, das diese vier Punkte interpoliert. Geben Sie dazu die Koeffizientenmatrix an.

Falls die Lösung nicht gelingt, verwenden Sie im Weiteren $f(x) = -\frac{1}{4} \cdot x^3 - x^2 + \frac{1}{4} \cdot x + 1$.

b) Nun soll eine Spline-Interpolation mit kubischen Splines durchgeführt werden. Ergänzen Sie hierzu die Tabelle und erläutern Sie die Zeilen (i) bis (iv).

	a_1	b_1	c_1	d_1	a_2	b_2	c_2	d_2	a_3	b_3	c_3	d_3	
(i)	-64	16	-4	1									0
	-1	1	-1	1									0
													0
					0	0	0	1					1
									0	0	0	1	1
									1	1	1	1	0
(ii)	3	-2	1		-3	2	-1						0
					0	0	1		0	0	-1		0
													0
(iii)						2				-2			0
(iv)	-24	2											0
													0

c) Die Splinefunktion s lautet:

$$s(x) = \begin{cases} \frac{2}{31}x^3 + \frac{24}{31}x^2 + \frac{78}{31}x + \frac{56}{31}, & -4 \le x < -1 \\ -\frac{23}{31}x^3 - \frac{51}{31}x^2 + \frac{3}{31}x + 1, & -1 < x \le 0 \\ \frac{17}{31}x^3 - \frac{51}{31}x^2 + \frac{3}{31}x + 1, & 0 < x \le 1 \end{cases}.$$

Vergleichen Sie den graphischen Verlauf der Splinefunktion s(x) aus c) mit der Funktion f(x) aus a).

d) Die Funktion k_f mit $k_f(x) = \frac{f''(x)}{\left(1 + f'(x)^2\right)^{\frac{3}{2}}}$ ist ein Maß für die Krümmung einer Funktion f.

Bestimmen Sie im Bereich zwischen den Punkten A und B die maximale Krümmung der ganzrationalen Funktion f aus Aufgabenteil a) und die maximale Krümmung der Splinefunktion s.

Aufgabe 11

Bestimmen Sie die Funktionsgleichung der Funktion mit den nachstehenden Eigenschaften.

Der Graph einer ganzrationalen Funktion dritten Grades geht durch P(0|1) und hat in W(1|-1) einen Wendepunkt; der Anstieg der Wendetangente ist m=2.

Aufgabe 12

Eine neue Straße soll durch ein Landschaftsschutzgebiet gebaut werden und zwei Parkplätze in den Punkten A und B verbinden. Dabei ist es zwingend notwendig, dass die Trasse durch die Punkte A(0|0), B(1|1), C(2|3) und D(3|4) verläuft (Angabe in cm, Kartenmaßstab 1:100.000).

a) Die Funktion f mit $f(x) = -\frac{1}{3}x^3 + \frac{3}{2}x^2 - \frac{1}{6}x$ stellt eine mögliche Trasse dar.
Erläutern Sie eine Methode, mit denen man diese Funktion erhalten könnte.

b) Eine alternative Trasse soll die Punkte durch Spline-Funktionen verbinden.
Bestimmen Sie dazu die Koeffizienten der aus den drei Teilfunktionen s_1, s_2 und s_3 zusammengesetzten Splinefunktion mit $s_1(x) = a_1x^3 + b_1x^2 + c_1x + d_1$, $s_2(x) = a_2x^3 + b_2x^2 + c_2x + d_2$, $s_3(x) = a_3x^3 + b_3x^2 + c_3x + d_3$ mit Hilfe der nachfolgend abgebildeten Matrix.
Ergänzen Sie die Bedingungen 1 bis 12 in der ersten Spalte der abgebildeten Matrix und erläutern Sie in diesem Zusammenhang kurz das Prinzip von Spline-Funktionen.

c) Beurteilen Sie die beiden Trassenvarianten aus Aufgabenteil 13a) und13b).
Bestimmen Sie in diesem Zusammenhang die maximale vertikale Abweichung in Metern der Trassenvarianten zwischen den Punkten C und D.
Wenn Sie Aufgabenteil 13b) nicht gelöst haben, können Sie für s_3 folgenden Term benutzen:
$s_3(x) = \frac{1}{3}x^3 - 3x^2 + \frac{29}{3}x - 7,\ 2 \le x \le 3$.
Bild der erweiterten Matrix (nicht ausgefüllte Stellen der Matrix sind Null):

Bedingung	a_1	b_1	c_1	d_1	a_2	b_2	c_2	d_2	a_3	b_3	c_3	d_3	
1.				1									0
2.	1	1	1	1									1
3.					1	1	1	1					1
4.					8	4	2	1					3
5.									8	4	2	1	3
6.									27	9	3	1	4
7.	3	2	1		-3	-2	-1						0
8.					12	4	1		-12	-4	-1		0
9.	6	2			-6	-2							0
10.					12	2			-12	-2			0
11.		2											0
12.									18	2			0

Von der Änderung zum Bestand – Integralrechnung

© Pagot

CAliMERO

Computer-Algebra im Mathematikunterricht
Entdecken, Rechnen, Organisieren

Inhaltsverzeichnis

Überblick über den Unterrichtsverlauf

Stundenzahl	
2	1. Rekonstruieren von Beständen
3	2. Bestandsfunktionen
6	3. Integration mit Stammfunktionen
6	4. Flächenberechnung und Rekonstruktionen
3	5. Rotationsvolumen (eA)
2	6. Uneigentliche Integrale (eA)
22	Summe

MindMap

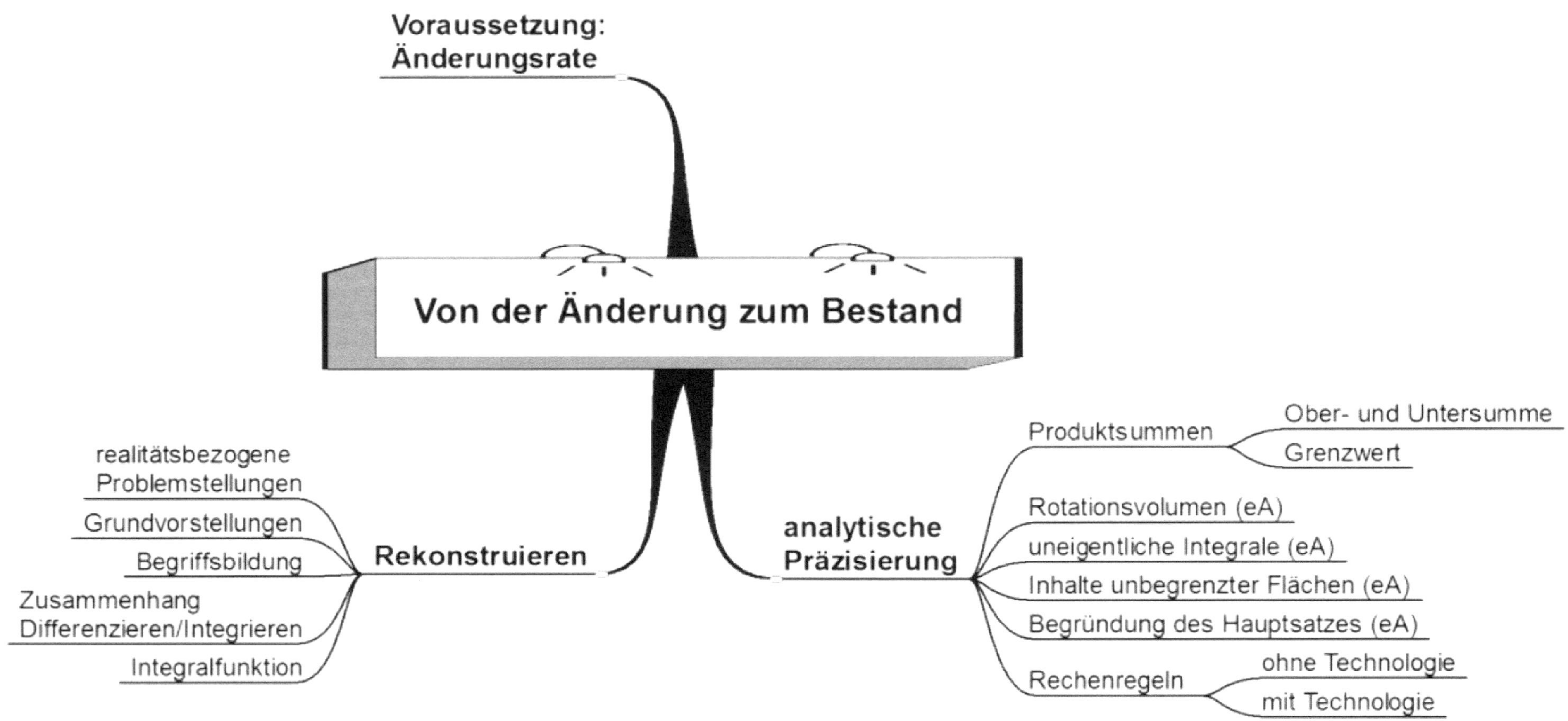
Voraussetzung:
Änderungsrate
Von der Änderung zum Bestand
Rekonstruieren
realitätsbezogene Problemstellungen
Grundvorstellungen
Begriffsbildung
Zusammenhang Differenzieren/Integrieren
Integralfunktion
analytische Präzisierung
Produktsummen
Ober- und Untersumme
Grenzwert
Rotationsvolumen (eA)
uneigentliche Integrale (eA)
Inhalte unbegrenzter Flächen (eA)
Begründung des Hauptsatzes (eA)
Rechenregeln
ohne Technologie
mit Technologie

Prozess- und inhaltsbezogene Kompetenzen

Anhand dieses Unterrichtsmaterials können von den Schülerinnen und Schülern bei entsprechender methodischer Umsetzung schwerpunktmäßig folgende prozessbezogenen Kompetenzen des Kerncurriculums erworben werden:

Mathematisch argumentieren	Probleme mathematisch lösen	Mathematisch modellieren	Darstellungen verwenden	Mit symbolischen, formalen, …	Kommunizieren
Die Schülerinnen und Schüler • erläutern in inner- und außermathematischen Situationen Strukturen und Zusammenhänge und stellen darüber Vermutungen auf. • begründen oder widerlegen Aussagen in angemessener Fachsprache mit mathematischen Mitteln und reflektieren die Vorgehensweise. • reflektieren und bewerten Argumentationen und Begründungen auf Schlüssigkeit und Angemessenheit. • vertreten eigene Problemlösungen und Modellierungen. • vergleichen und bewerten verschiedene Begründungen für einen mathematischen Sachverhalt.	Die Schülerinnen und Schüler • finden in inner- und außermathematischen Situationen mathematische Probleme, formulieren diese mit eigenen Worten und in mathematischer Fachsprache. • überprüfen die Plausibilität der Ergebnisse. • beschreiben, vergleichen und bewerten Lösungswege. • wählen geeignete heuristische Strategien zum Problemlösen aus und wenden diese auch unter Nutzung der eingeführten Technologie an. • reflektieren und bewerten die benutzten Strategien.	Die Schülerinnen und Schüler • vereinfachen durch Abstrahieren und Idealisieren Realsituationen, um sie einer mathematischen Beschreibung zugänglich zu machen und reflektieren die Vereinfachungsschritte. • beschreiben Realsituationen und Realprobleme durch mathematische Modelle wie z. B. durch Funktionen, …. • verwenden Regressionen zur Ermittlung eines mathematischen Modells. • führen mit den Verfahren der Infinitesimalrechnung, … Berechnungen im Modell durch und interpretieren die Verfahren ggf. hinsichtlich der Realsituation. • interpretieren Ergebnisse aus Modellrechnungen in der Realsituation und modifizieren ggf. das Modell.	Die Schülerinnen und Schüler • verwenden verschiedene Darstellungsformen von Funktionen und wechseln zwischen diesen. • begründen ihre Auswahl von Darstellungen. • reflektieren allgemeine Vor- und Nachteile sowie die Grenzen unterschiedlicher Darstellungsweisen.	Die Schülerinnen und Schüler • verwenden mathematische Symbole zum Strukturieren von Informationen, zum Modellieren und zum Problemlösen. • reflektieren deren Verwendung und übersetzen zwischen symbolischer und natürlicher Sprache. • arbeiten mit Funktionstermen. • setzen die eingeführte Technologie in allen Themenfeldern als sinnvolles Werkzeug zum Lösen mathematischer Probleme ein. • belegen ihr Grundverständnis für elementare algorithmische Verfahren, indem sie diese auch ohne die eingeführte Technologie in überschaubaren Situationen ausführen. • nutzen eine handelsübliche Formelsammlung. • kennen algorithmische Verfahren und können sie anhand von Beispielen erläutern.	Die Schülerinnen und Schüler • erfassen, interpretieren und reflektieren mathematikhaltige authentische Texte. • erläutern eigene Problembearbeitungen und Einsichten sowie mathematische Zusammenhänge mit eigenen Worten und unter Verwendung geeigneter Fachsprache. • dokumentieren Überlegungen, Lösungswege und Ergebnisse auch im Hinblick auf die verwendete Technologie und stellen jene verständlich dar. • präsentieren Überlegungen, Lösungswege und Ergebnisse unter Verwendung geeigneter Medien. • verstehen Überlegungen von anderen zu mathematischen Inhalten, überprüfen diese auf Schlüssigkeit und Vollständigkeit und gehen darauf ein.
• reflektieren Beweisverfahren. • variieren Situationen, stellen Vermutungen auf und untersuchen diese.	• variieren vorgegebene mathematische Probleme und untersuchen die Auswirkungen auf die Problemlösung.	• reflektieren die Grenzen von Modellen und der mathematischen Beschreibung von Realsituationen. • ordnen einem mathematischen Modell verschiedene passende Realsituationen zu und reflektieren so die Universalität von Modellen.			• verwenden Fachtexte bei der selbstständigen Arbeit an mathematischen Problemen.

Mit diesem Unterrichtsmaterial werden folgende inhaltsbezogene Kompetenzen vermittelt:

Funktionaler Zusammenhang

Die Schülerinnen und Schüler …

- führen Parametervariationen zur Anpassung von Funktionen an Daten durch.
- deuten das bestimmte Integral als aus Änderungen rekonstruierter Bestand und als Flächeninhalt.
- kennen Stammfunktionen für die Funktionen $x \to e^x$, $x \to \sin(x)$, $x \to \sqrt{x}$ und, $x \to x^n$; $n \in \mathbb{Z}$ darunter auch $x \to \frac{1}{x}$.
- kennen den Zusammenhang zwischen Differenzieren und Integrieren.
- nutzen den Zusammenhang zwischen Ableitung und Integral zur Bestätigung von Stammfunktionen.
- berechnen unbestimmte Integrale mithilfe der Summen- und Faktorregel.
- wenden Rechengesetze für bestimmte Integrale an.

- interpretieren uneigentliche Integrale als Grenzwerte sowohl von Beständen als auch von Flächeninhalten. (eA)
- begründen geometrisch anschaulich den Hauptsatz der Differenzial- und Integralrechnung. (eA)
- begründen die Volumenformel für Körper, die durch Rotation um die x-Achse entstehen. (eA)

Messen

Die Schülerinnen und Schüler …

- berechnen Bestände aus Änderungsraten.
- bestimmen Flächeninhalte begrenzter Flächen.

- bestimmen Volumina von Körpern, die durch Rotation um die x-Achse entstehen. (eA)
- bestimmen Flächeninhalte unbegrenzter Flächen. (eA)

Rechnerfreie Fertigkeiten

Die Schülerinnen und Schüler sollen …

1. in Anwendungskontexten aus graphisch gegebenen Änderungen Bestände bzw. den Gesamteffekt der Änderungsraten ggf. näherungsweise bestimmen,
2. Bestände bei Änderungsfunktionen geometrisch bzw. als Integral deuten und umgekehrt,
3. Flächeninhalte, die durch Graphen einfacher Polynomfunktionen begrenzt sind, berechnen,
4. einfache Integrale geometrisch deuten und deren Wert graphisch abschätzen,
5. zu einem gegebenen Funktionsgraphen die Graphen der zugehörigen Ableitungsfunktion sowie einer Stammfunktion skizzieren,
6. Stammfunktionen zu einfachen Funktionen angeben,
7. einfache Integrale mithilfe von Stammfunktionen berechnen.

Beispiele zu

1. Die Grafikzeigt den Download einer Datei.

   Wie groß ist die Datei etwa?

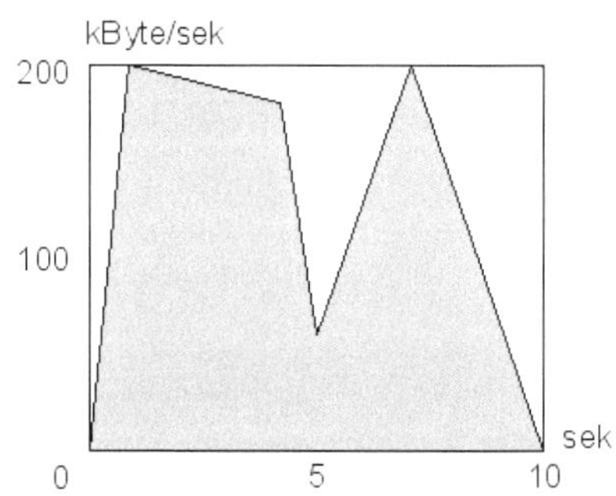

2. Die dargestellte Funktion f beschreibt die Geschwindigkeit eines Fahrzeugs über eine Stunde hinweg.
   - Wie ist die in der letzten Viertelstunde zurückgelegte Weglänge geometrisch und als Term zu deuten?
   - Welche Bedeutung hat der Term $\int_{10}^{20} f(x)dx$ für den Sachkontext bzw. für den Graphen?

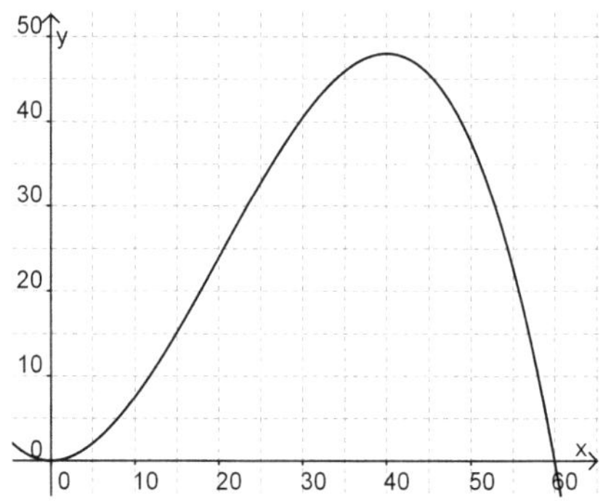

3. Berechnen Sie jeweils den markierten Flächeninhalt.

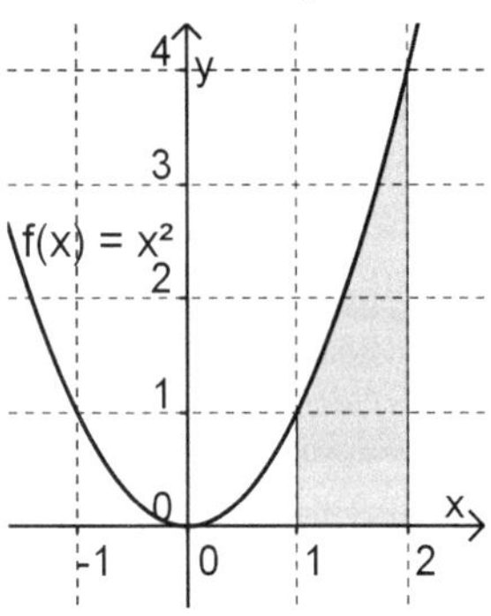

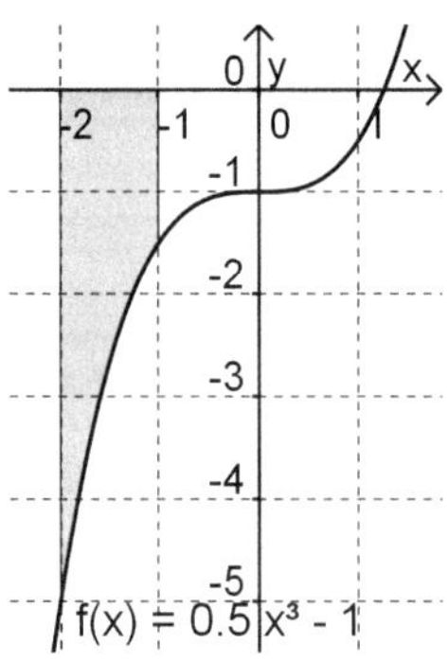

4. Ermitteln Sie jeweils einen Näherungswert graphisch.

$$\int_0^2 x^2\,dx;\quad \int_1^2 (-x^2+4)\,dx;\quad \int_2^2 x^3\,dx$$

5. Skizzieren Sie zur gegebenen Funktion f den Graphen der Ableitungsfunktion darunter und den Graphen einer Stammfunktion darüber.

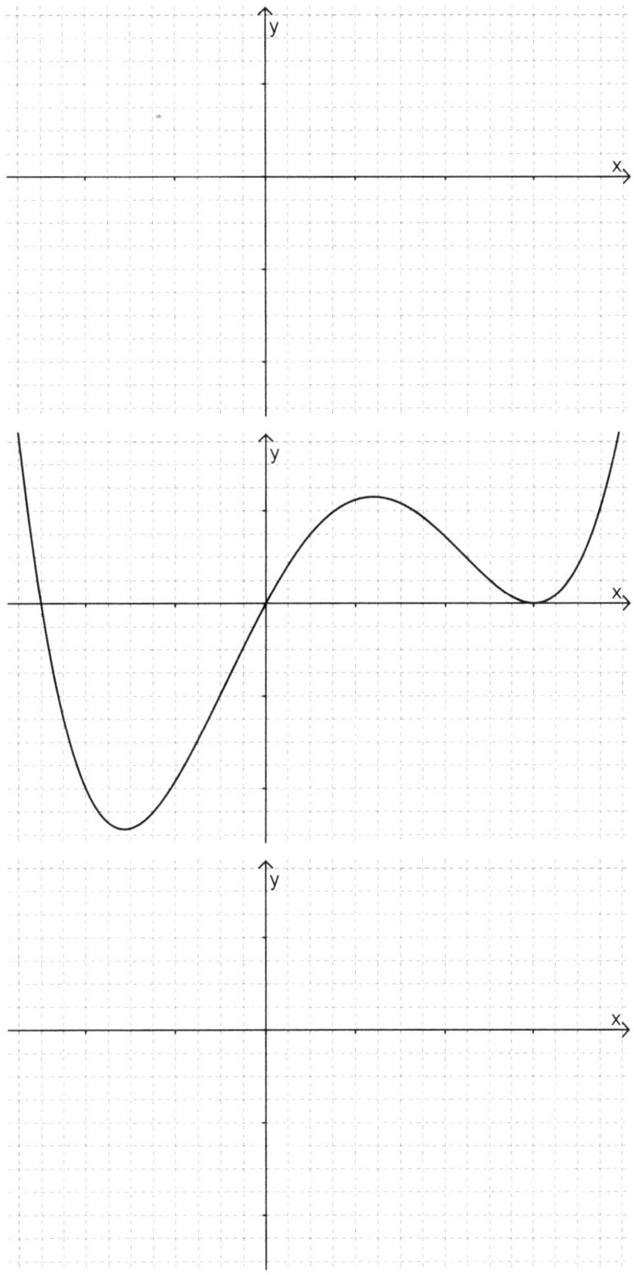

6. Nennen Sie jeweils den Term einer Stammfunktion.

$$f(x)=2\cdot x^2;\quad g(x)=\frac{1}{2}x^3+x;\quad h(x)=2-x.$$

7. Berechnen Sie die Integrale.

$$\int_0^3 (x^2-1)\,dx;\quad \int_{-2}^2 x^3\,dx;\quad \int_1^4 \frac{x^2-x}{3}\,dx;\quad \int_{-2}^{-1} (x+1)\cdot(x-1)\,dx.$$

CAS-Fertigkeiten

Die Schülerinnen und Schüler sollten am Ende dieser Unterrichtseinheit im Umgang mit dem TC zusätzlich in der Lage sein,

- den Integraloperator zu verwenden.
- die Betragsfunktion (*abs*) zu verwenden.
- den Integraloperator im ‚Graphs'-Menü zur Veranschaulichung des Integrals als Fläche zu verwenden.

Thema 3: Integration mit Stammfunktion	**Dauer:** 6 Stunden

Thema 1: Rekonstruieren von Beständen **Thema 2: Bestandsfunktion**	**Dauer:** 5 Stunden

Besondere Materialien/Technologie:

LM: (Folienvorlage) 2.1 bis 2.3

SM: 1.1 und 1.2; 2.1 bis 2.4

Anhand verschiedener Anwendungsbeispiele, die Veränderungen beschreiben, werden Bestände als Produktsummen und damit als Flächen identifiziert. In diesem Zusammenhang werden Vorgänge betrachtet, die sich mithilfe konstanter Funktionen oder diskret beschreiben lassen.

Darauf aufbauend werden mögliche Bestandsfunktionen qualitativ graphisch ermittelt, um abschließend die Aussage des Hauptsatzes der Differenzial- und Integralrechnung zu erkennen und zu formulieren.

1. Rekonstruieren von Beständen (2 Stunden)

SM 1.1: Aufgaben mit konstanten Änderungsraten und auch negativ orientierten Flächeninhalten

SM 1.2: Aufgaben mit nicht-konstanten Änderungsraten (näherungsweise Bestimmung eines Bestands)

Aus den vorliegenden Aufgaben bearbeiten die Schülerinnen und Schüler je Arbeitsblatt eine Aufgabe, wobei sich als Arbeitsformen neben der Einzel- oder Partnerarbeit auch die Arbeit in Gruppen anbietet. Die Präsentation der Ergebnisse erfolgt auf Folie.

In den Beispielen aus SM 1.1 wurden auch negativ orientierte Flächen mit einbezogen, um diese Problematik gleich zu Beginn anschaulich bewusst zu machen. Aus diesem Grund ist das Ergebnis zu Aufgabe 2b negativ.

Bei den Vorgängen mit nichtkonstanten Änderungsraten (SM 1.2) gibt es verschiedene Lösungsansätze: stückweise konstant, stückweise linear. Die Schülerinnen und Schüler werden versuchen, mit Hilfe von Interpolation oder Regression funktionale Zusammenhänge zu finden. Diese grundsätzlich richtige und langfristig erstrebenswerte Strategie scheitert zu diesem frühen Zeitpunkt daran, dass eine Bilanzierung noch nicht möglich ist.

Ziel der Beschäftigung mit den Aufgaben aus verschiedenen Problemkontexten ist die Erkenntnis, dass der Gesamteffekt von Änderungsraten im Sinne einer Bilanz näherungsweise algebraisch durch Produktsummen und geometrisch durch Aufsummierenorientierter Rechteck- bzw. Trapezflächeninhalte interpretiert werden kann.

2. Bestandsfunktionen (3 Stunden)

SM 2.1 bis 2.4: Aufgaben zum Ermitteln der Graphen von Bestandsfunktionen

Grundsätzlich hat man bei der eindeutigen Bestimmung der Bestandsfunktion das Problem, dass der Anfangswert bekannt sein muss.

In den Aufgaben 1 und 2 sollen die Schülerinnen und Schüler Bestandsgraphen aus den Graphen der Änderungsratenfunktionen bestimmen. Die Aufgaben sind so gewählt, dass sich ein Anfangswert Null ergibt. In Aufgabe 2 wird die Bedeutung von Extremstellen und Nullstellen im Änderungsratengraphen für den Bestandsgraphen deutlich.

In den Aufgaben 2 und 3 wird das zentrale Problem der Nichteindeutigkeit thematisiert.

Den Schülerinnen und Schülern werden Aufgaben vorgelegt, die ihnen erlauben, graphisch dargestellte Änderungsvorgänge so zu untersuchen, dass sie den Graphen der zugehörigen Bestandsfunktion erhalten können. Dabei wird Wert darauf gelegt, dass die Bedeutung von Nullstellen und von Extrempunkten des Änderungsfunktionsgraphen für den Bestandsgraphen entdeckt, beschrieben und begründet wird.

Die Schüler gewinnen allmählich die Erkenntnis, dass die Blickrichtung hier genau umgekehrt zur Blickrichtung bei der Gewinnung momentaner Änderungsraten aus Beständen ist.

In Aufgabe 4 wird dieser Verdacht durch Analyse gegebener Änderungsratenterme mit Hilfe von Richtungsfeldern untermauert. Richtungsfelder zur Beschreibung von Wirkzusammenhängen werden im Lernbereich Wachstum genauer unter die Lupe genommen.

Bisher wurden x-y- und x-y'-Koordinatensystem gegenüber gestellt. Richtungsfelder bieten die Möglichkeit, Änderungsraten und zugehörige Rekonstruktionsgraphen in einem x-y-Koordinatensystem zu visualisieren.

Im Umgang mit dieser Aufgabe ist es wichtig, dass die Schüler die neue Darstellungsweise verstehen. Deshalb müssen eventuell auftretende Verständnisschwierigkeiten ausgeräumt werden, bevor die Schüler die eigentlichen Aufgaben bearbeiten.

Thema 3: Integration mithilfe von Stammfunktionen	**Dauer:** 6 Stunden

Besondere Materialien/Technologie:

LM: (Folienvorlagen) 3.1 und 3.2

Nspire-Programm: Riemann-Summen (© Texas Instruments 2011, Übersetzung Calimero)

SM: 3.1 bis 3.7

Dieser Abschnitt gliedert sich in zwei Teile:

a) Verifikation der Hauptsatzvermutung,

b) Regeln im Umgang mit Stammfunktionen und Integralen.

Zunächst werden der Begriff ‚Integralfunktion' eingeführt und die Vermutungen über den Zusammenhang zwischen Bestands- und Integralfunktion, die die Schülerinnen und Schüler aus den ersten beiden Kapiteln gewonnen haben, zusammengefasst.

Zur Bestätigung der Vermutung bieten sich zwei Vorgehensweisen an:

- An einfachen Potenzfunktionen kann dies analytisch über die Betrachtung von Obersummen und Grenzwertbildung überprüft werden (SM 3.1 und SM 3.2). Damit wird der Hauptsatz exemplarisch bewiesen. Dieses entspricht einer eher klassischen Vorgehensweise. Mit Hilfe des Nspire-Programms ‚Riemann-Summen' wird der Approximationsprozess mittels Ober- und Untersummen visualisiert.
- Der Hauptsatz kann direkt bewiesen werden (SM 3.3). Diese Vorgehensweise (nur für eA erforderlich) führt direkt zum Ziel.Dabei wird die Differentiation der Integralfunktion mithilfe eines vorgelegten Beweises erarbeitet (Aufgabe 4 eA). Die Aufgabe der Schülerinnen und Schüler ist dabei, die Aussagen der einzelnen Beweisschritte durch Kommentare zu erklären.

Aus der Analyse des Beweises über den Zusammenhang zwischen Integralfunktion und Änderungsfunktion f ergibt sich: Die Integration ist problemlos möglich, wenn die ‚Aufleitung' der gegebenen Funktion bekannt ist. Der Wert des Integrals ist abhängig von der Flächenbilanz positiv oder negativ.

Der Beweis führt zur Einführung des Begriffs der Stammfunktion. Zudem wird der Begriff des unbestimmten Integrals eingeführt (→ Wissensspeicher).

Mindestens für Kurse auf erhöhtem Anforderungsniveau wird die Frage thematisiert, ob jede Bestandsfunktion auch Stammfunktion ist und ob die Umkehrung auch gilt (Aufgabe 5).

Die Intervalladditivität wird in Aufgabe 6 geometrisch begründet.

Nach Übungen zur rechnerfreien Bestimmung von Stammfunktionen (Aufgaben 7 bis 12) werden in Aufgabe 13 weitere Integrationsregeln erarbeitet.

Der Frage der Integrierbarkeit wird für eA-Kurse in Aufgabe 16 nachgegangen. Hier entfaltet sich wieder die produktive Kraft von Richtungsfeldern.

Thema 4: Rekonstruktionen und Flächenberechnungen	**Dauer:** 6 Stunden

Besondere Materialien:

LM: ---

SM: 4.1 bis 4.8

Bei der Wahl der Aufgaben wird die Behandlung des Lernbereiches Interpolation vorausgesetzt.

In diesem Themenbereich werden zunächst die Bestimmungen von Flächeninhalten, sowohl zwischen einem Funktionsgraphen und der x-Achse als auch zwischen Funktionsgraphen, erarbeitet.

Mit (z.T. komplexeren) Rekonstruktionsaufgaben zu weiteren Kontexten wird der zu Beginn dieser Einheit begonnene Bogen geschlossen.

Als Einstieg greift die Aufgabe 1 aus SM 4.1 die Berechnung von Flächeninhalten zwischen Funktionsgraph und x-Achse auf, wobei der Funktionsgraph keine weiteren Nullstellen innerhalb des Integrationsintervalls aufweist.

In Aufgabe 2 werden Flächenberechnungenin komplexeren Situationen arbeitsteilig durchgeführt. In diesem Zusammenhang werden folgende Fälle thematisiert:

- Nullstellen im Integrationsintervall führen zu Flächen oberhalb und unterhalb der x-Achse.
- Flächeninhalt zwischen den Graphen zweier Funktionen durch (mehrfache) Schnittstellen.

In allen Fällen ist darauf zu achten, ob tatsächlich von dem bzw. den Funktionsgraphen *eingeschlossene* Fläche gesucht ist oder ob die Intervallgrenzen als Begrenzungen mit einzubeziehen sind.

Zur Übung (Hausaufgabe) sollten dann die Aufgaben der Gruppen mit dem anderen Schwerpunkt bearbeitet werden.

Bei der Bearbeitung von weiteren Aufgaben zu Flächenproblemen bieten die Lehrbücher vielfältiges Material. Neben der hilfsmittelfreien Berechnung (ganzrationale Funktionen) sollten auch Aufgaben zur Bestimmung der Integrationsgrenzen bei Vorgabe des Flächeninhalts berücksichtigt werden (z.B. EdM S.118, Nr. 6, 7; S.124, Nr. 11; S. 125, Nr. 16; für Kurse auf erhöhtem Anforderungsniveau auch EdM S. 120 Nr. 14, S.124, Nr. 11,13 bzw. NW, S. 168, Nr. 17 – Kenntnisse über Funktionenscharen ganzrationaler Funktionen sind hier z. T. erforderlich).

Die Aufgaben 3 bis 7 im Schülermaterial greifen die Flächenberechnungen und die Rekonstruktionen in einfachen Kontexten auf und vertiefen diese.

Die Aufgaben 8 bis 11 sind für Kurse auf erhöhtem Anforderungsniveau geeignet. Aus ihnen ist eine Auswahl geeignet zu treffen.

- Aufgabe 8 stellt den Bezug zu Fragestellungen aus dem Lernbereich Interpolation her.
- In Aufgabe 9 steht u. a. das Erfassen von Zusammenhängen in ungewohntem Kontext in den Vordergrund.
- Aufgabe 10 stellt die Zusammenhänge Geschwindigkeit - Weg in einem komplexeren Zusammenhang dar.

Damit den Schülerinnen und Schülern deutlich wird, dass die Integration nicht nur zur Flächenberechnung angewendet wird, stehen in Aufgabe 12 und 13 Beispiele mit Nutzung der Integration zur Mittelwertbildung.

In Aufgabe 14 wird deutlich, dass die Integration in vielen Bereichen des (physikalischen) Alltags sinnvoll eingesetzt werden kann. In diesen Kontexten soll über das ‚Integral als Gesamteffekt von Änderungsraten' reflektiert werden.

Thema 5: Rotationsvolumen (nur eA) — **Dauer:** 3 Stunden

Besondere Materialien/Technologie:

LM: (Folienvorlagen) 5.1 und 5.2

SM: 5.1 und 5.2

Vom Verständnis her schließt dieses Thema unmittelbar an die Begründung zum Hauptsatz an (Integration als Summation).

Am Beispiel von rotationssymmetrischen Körpern wird eine Integralformel zur Volumenberechnung erarbeitet, die an die Strategien ‚Zurückführung auf einfache Körper' und ‚Summation und Verfeinerung' anknüpft. Diese Strategie erfasst auch Körper, die nicht rotationssymmetrisch sind. Es gilt:

$$V = \int_a^b Q(x)\,dx$$, wobei Q die Querschnittsflächenfunktion ist.

Bei rotationssymmetrischen Körpern ist $Q(x) = \pi \cdot f(x)^2$, wobei f die Randfunktion ist (Voraussetzung: x-Achse als Symmetrieachse).

Ablauf der Stunden

Wir bieten zwei mögliche Einstiege zur Bestimmung des Volumens eines rotationssymmetrischen Körpers mit nicht gradlinig begrenzter Querschnittsfläche an.

Möglichkeit 1 (Aufgabe 1)

Hier wird den Schülerinnen und Schülern ein geeignetes Gefäß präsentiert, z.B. ein Weizenbierglas, dessen Berandung gut durch eine ganzrationale Funktion modellierbar ist. Zur Bestimmung der Randfunktion leistet der TC wertvolle Hilfe (vergl. TC-Hilfen).

Zur Volumenbestimmung wird die bekannte Lösungsidee zur Flächenberechnung (Summation von Rechteckstreifen) auf den dreidimensionalen Fall (Summation von Zylindervolumina) übertragen.

Das Ergebnis der Volumenberechnung kann durch Füllen des Gefäßes mit Wasser und Umfüllen in einen Messbecher überprüft werden.

Die eigene Auswahl von weiteren Rotationsköpern und Berechnung der Volumina erzielt erfahrungsgemäß eine hohe Motivation und entspricht einem handlungs- und problemorientierten Vorgehen.

Möglichkeit 2 (Aufgabe 2)

Zur Bestimmung des Eivolumens ist die Randfunktion mit Parametern vorgegeben, die z.B. in Gruppenarbeit zunächst zu bestimmen sind.

In LM 5.1 stehen Folienvorlagen zur schrittweisen Lösungsentwicklung zur Verfügung

Abbildung 1:	Ei als Initiator der Aufgabenstellung / Einstieg
Abbildung 2:	Ei mit Koordinatensystem versehen, um Modellierung durch Funktion zu suggerieren.
Abbildung 3:	Eierschneider, um eine Zerlegung in Zylinderscheiben zu motivieren
Abbildung 4:	drei Graphen der Randfunktion mit Rechteckzerlegung und Kreisscheibenzerlegung, um auf die Analogie des aktuellen Problems zum bekannten Flächeninhaltsproblem hinzuweisen
Abbildung 5:	formale Darstellung des Integrals als Ergebnis eines Summationsprozesses

Nach einer Sicherung der Volumenberechnungsformel folgen Übungsaufgaben.

Gegebenenfalls müssen hier noch Aufgaben aus dem Lehrbuch ergänzt werden.

Zusatz: LM 5.2 problematisiert die Berechnung bei rotationssymmetrischen Körpern ‚mit Loch', bei denen die Übertragung von $\int_a^b [f(x) - g(x)]dx = \int_a^b f(x)dx - \int_a^b g(x)dx$ nicht gilt.

Thema 6: Uneigentliche Integrale (nur eA)	**Dauer:** 2 Stunden
Besondere Materialien/Technologie: LM: --- SM: 6.1	
Dieses Thema ist rein innermathematisch, thematisiert aber spannende, dem Anschein nach unendlich große Flächen und vertieft die Grenzwertvorstellungen.	
Ablauf der Stunden Anhand der Aufgabe 1 vom SM 6.1 wird die Betrachtung von uneigentlichen Integralen motiviert und die Begriffe werden eingeführt. Statt von Divergenz und Konvergenz zu reden, genügen auch die Bezeichnungen ‚ein Wert existiert' / ‚existiert nicht'. Aufgabe 2 dient zur Übung und Festigung. In Aufgabe 3 findet eine verallgemeinernde Betrachtung des Integrals $\int_1^\infty \frac{1}{x^p}dx$ für beliebige p statt. Aufgabe 4 verknüpft die Themen „Uneigentliche Integrale" und „Rotationskörper" anhand des Paradoxons der Torricelli-Trompete. Weitere Übungen finden sich z.B. in EdM, S.127 bzw. NW, S. 176f.	

7. Lehrermaterialien / Folienvorlagen

LM 2.1 Folienvorlage zu SM 2.1 Aufgabe 1

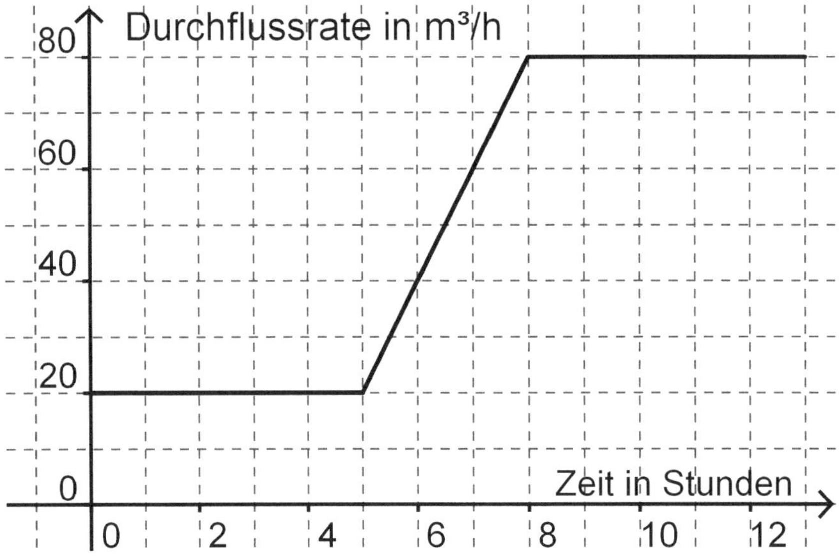

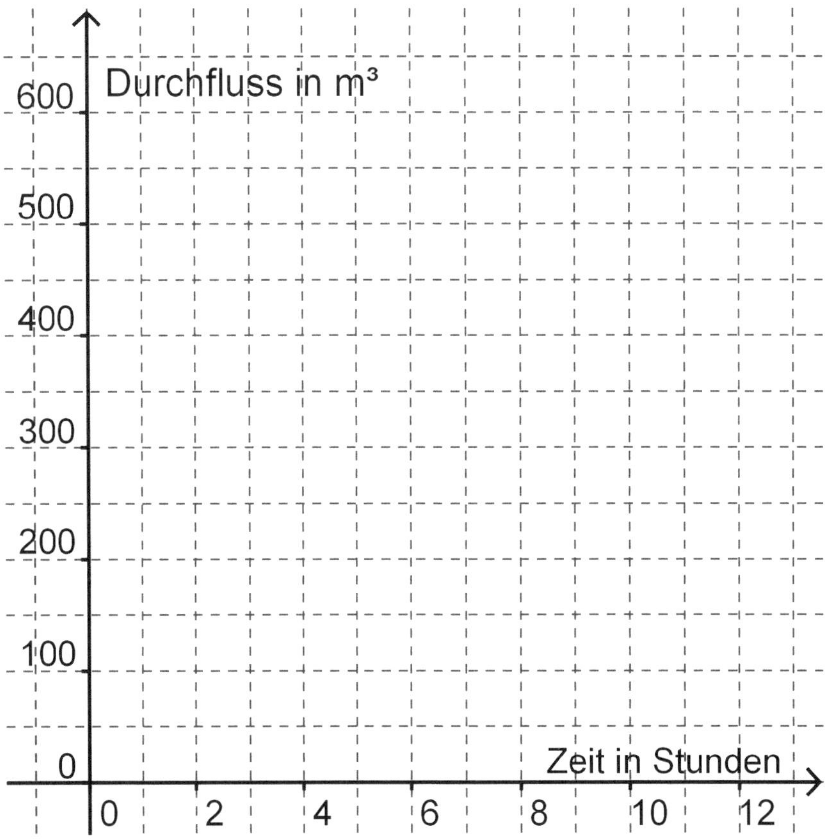

nach EdM 11/12, 978-3-507-87920-1

LM 2.2 Folienvorlage zu SM 2.2 Aufgabe 2

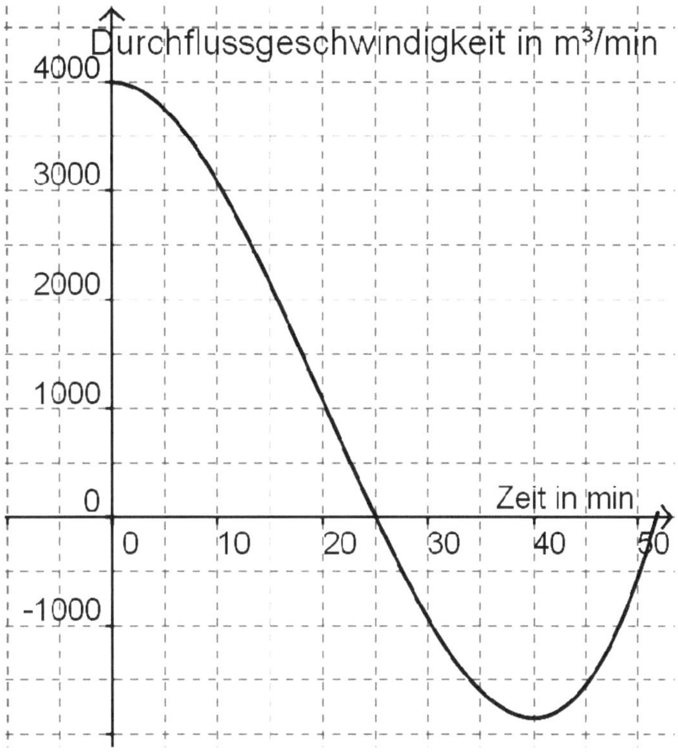

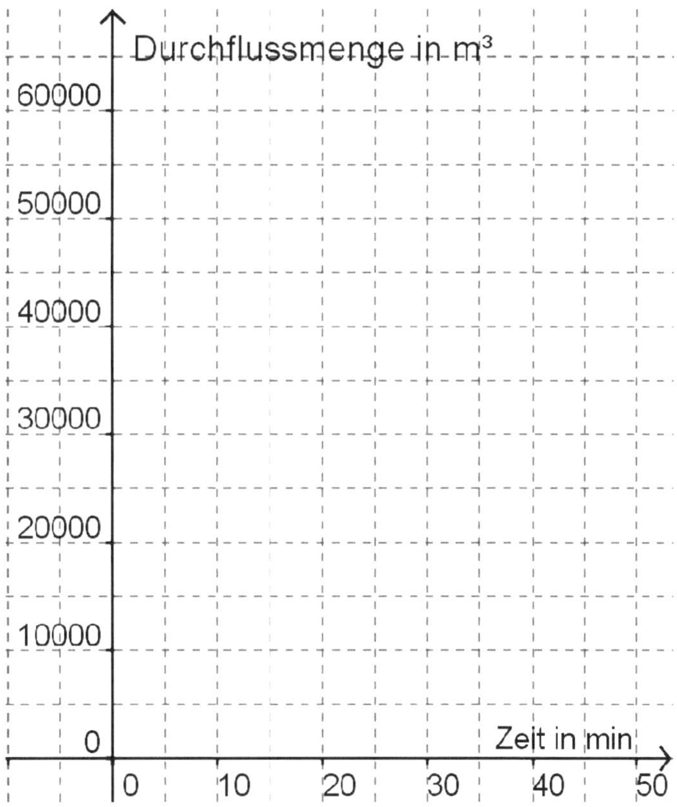

nach EdM 11/12, 978-3-507-87920-1

LM 3.1 Folienvorlage zu SM 3.1 Aufgabe 1a

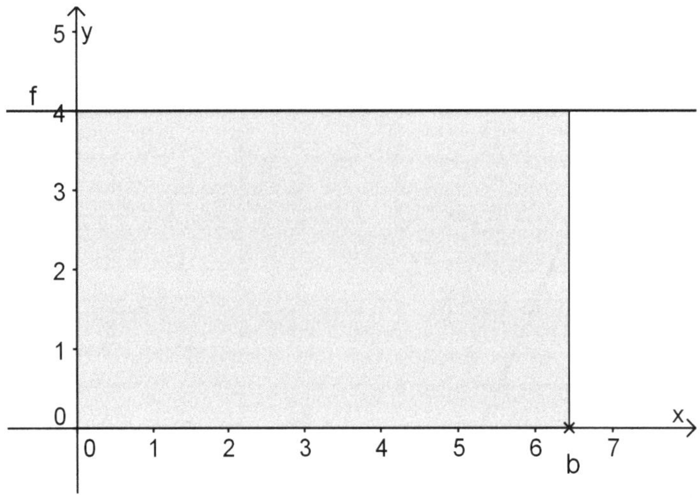

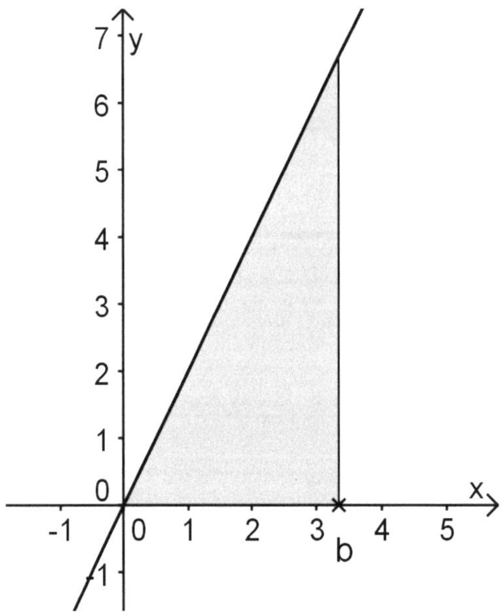

LM 3.2 Folienvorlage zu SM 3.1, Aufgabe 1b

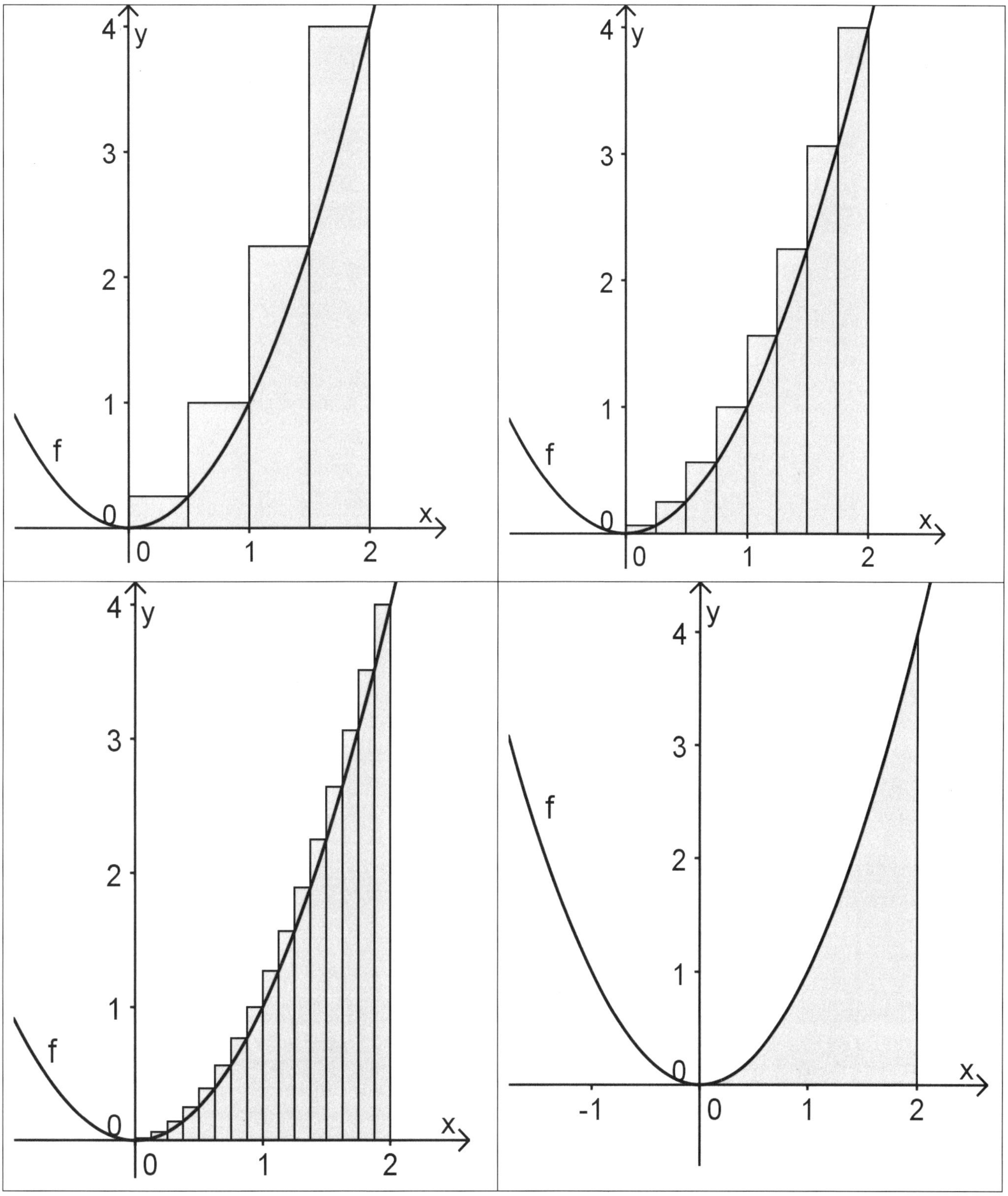

LM 5.1 Folienvorlage zu SM 5.1, Aufgabe 2

Abbildung 1

Abbildung 2

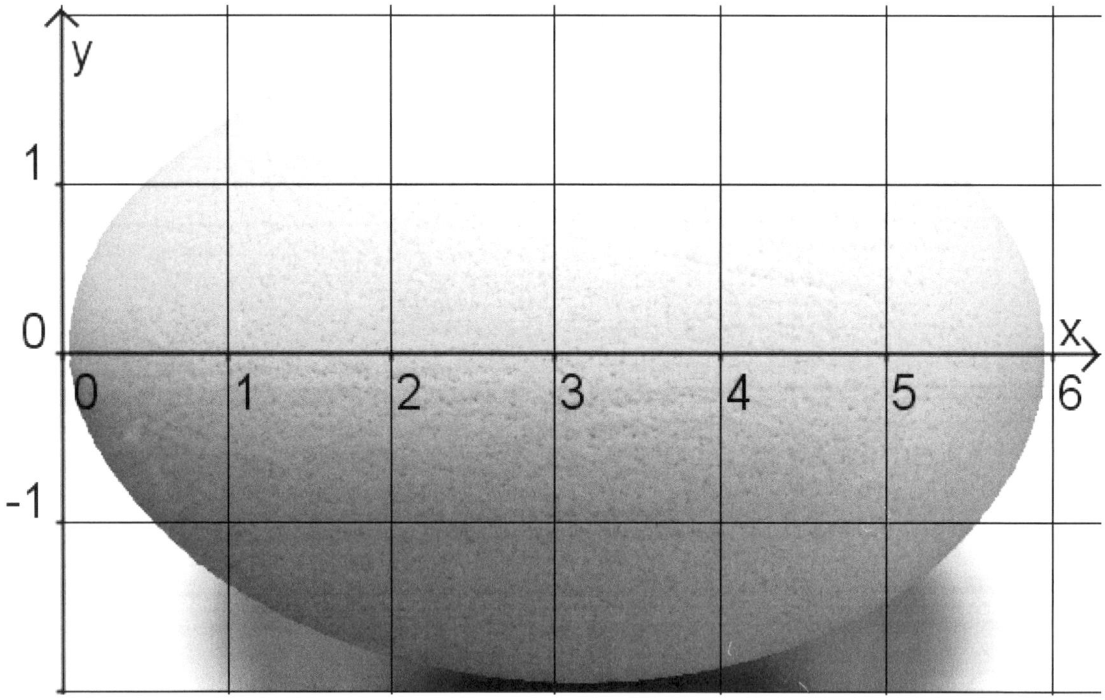

Abbildung 3

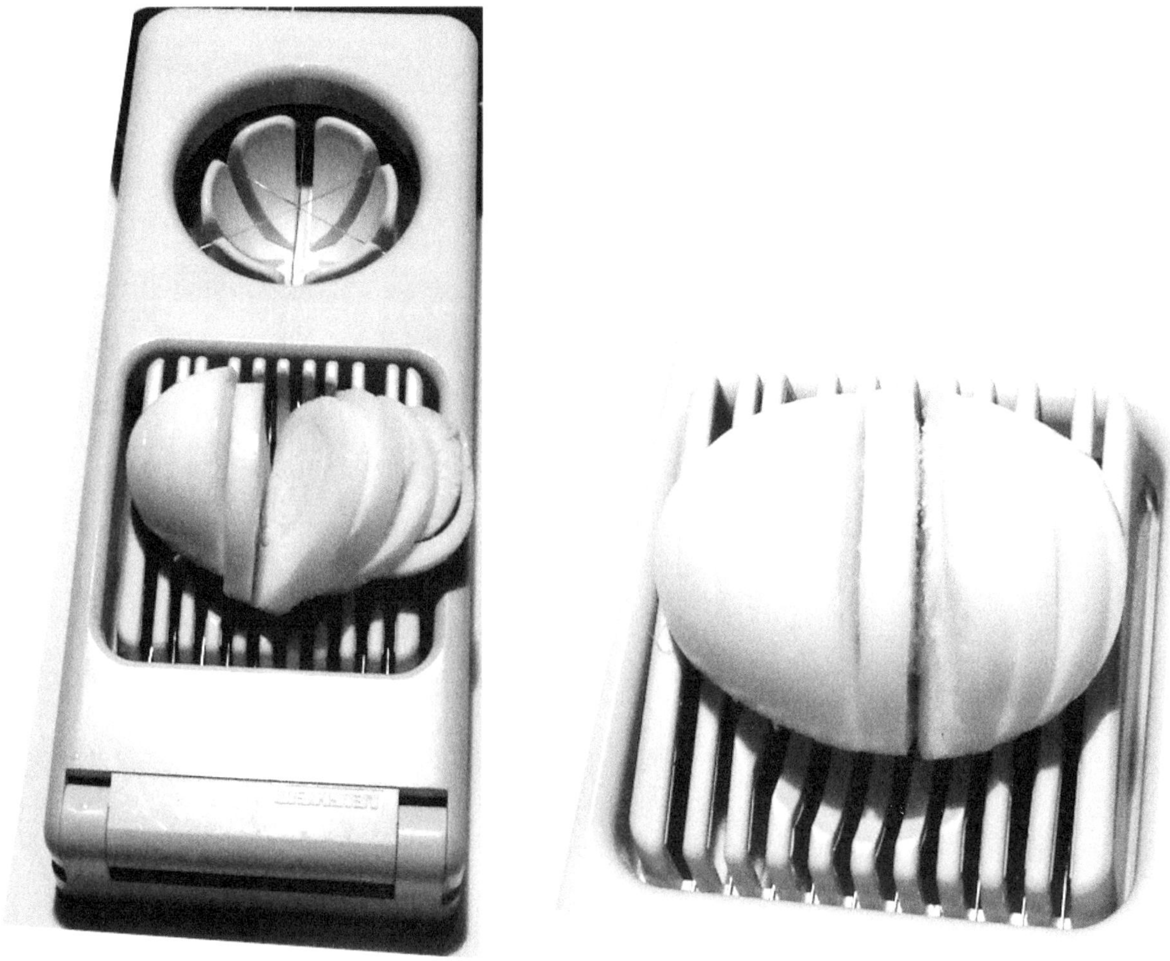

Abbildung 4 und 5

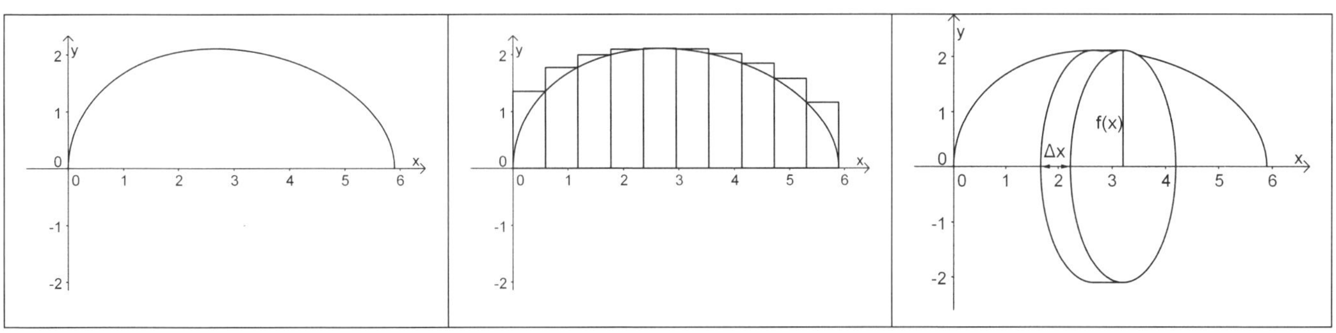

$$\sum f(x_i)\cdot \Delta x$$

$$\downarrow \Delta x \to 0$$

$$\int f(x)\,dx$$

?

LM 5.2 Folienvorlage

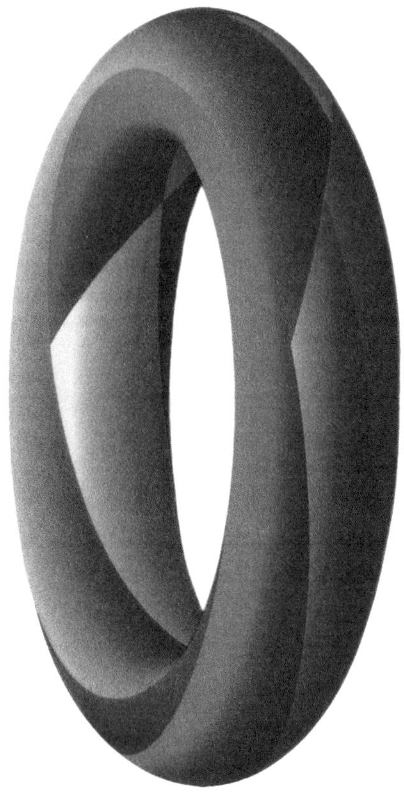

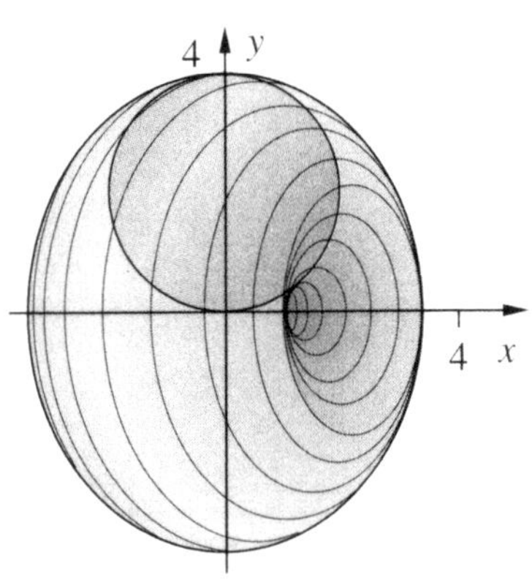

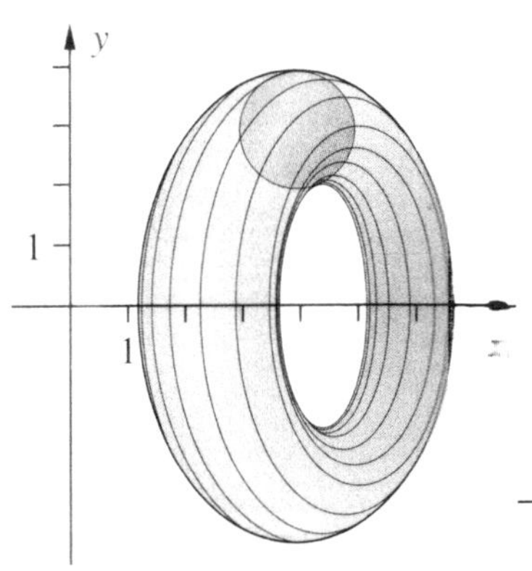

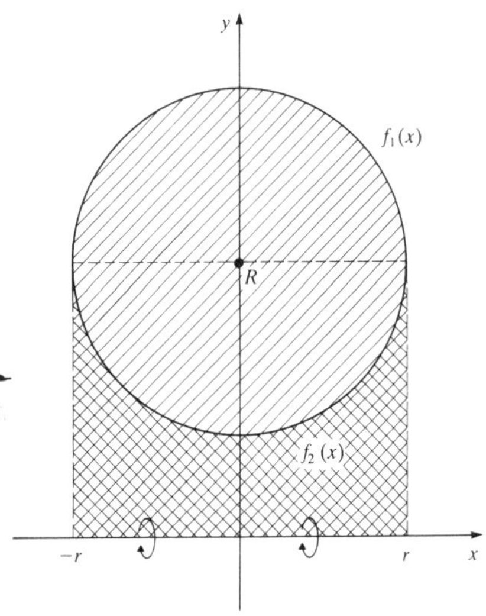

Hat R die Koordinaten (a|b), so ist

$$f_1(x) = +\sqrt{r^2 - (x-a)^2} + b \text{ und } f_2(x) = -\sqrt{r^2 - (x-a)^2} + b$$

$$V(x) = \int_a^b \pi \cdot f_1(x)^2 dx - \int_a^b \pi \cdot f_2(x)^2 dx$$

8. Wissensspeicher

Rekonstruktion von Beständen aus Bestandsänderungen – Integralfunktion

Der Bestand B(x) an einer Stelle x lässt sich aus dem Anfangsbestand und den gegebenen Änderungsraten f rekonstruieren, indem man den Gesamteffekt der Änderungsraten ab einer Stelle a bestimmt und zum Anfangsbestand an dieser Stelle addiert.

Geometrisch bedeutet die Suche nach dem Gesamteffekt die Bilanzierung von orientierten Flächeninhalten zwischen dem Graphen von f und der x-Achse über dem Intervall [a;x].Diese kann man näherungsweise durch Rechteckflächen abschätzen.

Die Funktion I_a mit $I_a(x) = \int_a^x f(t)\,dt$ heißt Integralfunktion. Ihr Funktionswert an der Stelle x ist die Summe der orientierten Flächeninhalte und gibt den Gesamteffekt an, der sich aus den Änderungsraten von a bis x ergibt.

Integral und Rechtecksummen

Um orientierte Flächeninhalte für krummlinig begrenzte Flächen näherungsweise zu bestimmen, teilt man die Fläche in n (gleich breite) Teilflächen. Diese Teilflächen können z.B. durch Rechtecke approximiert werden. Durch Aufsummieren erhält man einen Näherungswert für den gesuchten orientierten Flächeninhalt und damit für den Gesamteffekt der Änderungsraten.

Der Grenzwert für $n \to \infty$ liefert den Gesamteffekt der Änderungsraten.

Berücksichtigt man beim Gesamteffekt den Anfangswert B(a), so erhält man den Bestand an einer beliebigen Stelle x.

Rechtecksumme: $$S_n[a,b] = \sum_{i=1}^{n} f(x_i)\cdot \Delta x = \sum_{i=1}^{n} f\left(a + \frac{i\cdot(b-a)}{n}\right)\cdot \frac{b-a}{n}$$

Gesamteffekt (Bilanz), beschrieben durch die Integralfunktion:

$$I_a(b) = \lim_{n\to\infty} S_n = \int_a^b f(x)\,dx$$ ‚**Integral** von a bis b über f(x) dx‘

Bestandsfunktion: $$B(x) = B(a) + I_a(x) = B(a) + \int_a^x f(t)\,dt$$

Hauptsatz der Differential- und Integralrechnung

Die Ableitung der Bestandsfunktion B und damit der Integralfunktion I_a mit $I_a(x) = \int_a^x f(t)\,dt$ ist identisch mit der Änderungsratenfunktion f:

$$\mathbf{B'(x) = I_a'(x) = f(x)}.$$

Wenn wir also eine Funktion kennen, deren Ableitung die Funktion f ergibt, können wir den Gesamteffekt der Änderungsraten aus den an jeder Stelle gegebenen Änderungsraten genau berechnen.

Stammfunktion

Jede Funktion F mit $F'(x) = f(x)$ heißt **Stammfunktion von f**.

Ist F Stammfunktion von f, dann ist für jede beliebige reelle Zahl c auch $F + c$ Stammfunktion von f.

Da $B' = I_a' = f$ gilt, ist jede Bestandsfunktion B und jede Integralfunktion I_a auch Stammfunktion von f. Die Umkehrung gilt nicht.

$$f \; \underset{\text{differenzieren bzw. 'ableiten'}}{\overset{\text{Stammfunktion bilden bzw. 'aufleiten'}}{\rightleftarrows}} \; F$$

Differenzieren macht Integrieren eindeutig rückgängig.

Integrieren macht Differenzieren eindeutig bis auf eine additive Konstante rückgängig.

Stammfunktion und Integralfunktion

Nach dem Hauptsatz der Differential- und Integralrechnung ist jede Integralfunktion einer Funktion f auch Stammfunktion zu f. Aber nicht jede Stammfunktion ist auch Integralfunktion.

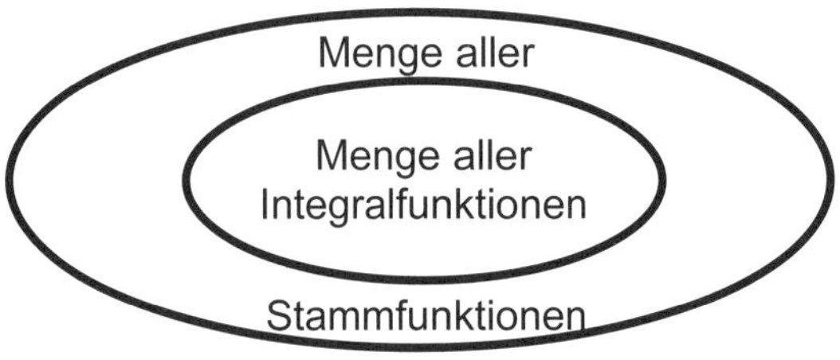

Berechnen von Integralwerten durch Stammfunktionen

Man kann Integralwerte mittels Stammfunktionen berechnen.

Es gilt: $\int_a^b f(x)dx = [F(x)]_a^b = F(b) - F(a)$.

Stammfunktionen zu bekannten Funktionen

Potenzfunktionen:	$f(x) = x^n$	$F(x) = \frac{1}{n+1}x^{n+1}$
Trigonometrische Funktionen:	$f(x) = \cos(x)$	$F(x) = \sin(x)$
	$f(x) = \sin(x)$	$F(x) = -\cos(x)$

Regeln zur Bestimmung von Stammfunktionen

Summenregel:	$h(x) = g(x) + f(x)$	$H(x) = G(x) + F(x)$
Faktorregel:	$f(x) = c \cdot g(x)$	$F(x) = c \cdot G(x)$

Integrationsregeln

$\int_a^b (f(x) + g(x))dx = \int_a^b f(x)dx + \int_a^b g(x)dx$ (Summenregel)

$\int_a^b k \cdot f(x)dx = k \cdot \int_a^b f(x)dx$ (Faktorregel)

$\int_a^a f(x)dx = 0$

$\int_a^c f(x)dx = \int_a^b f(x)dx + \int_b^c f(x)dx$

$\int_a^b f(x)dx = -\int_b^a f(x)dx$

Unbestimmtes Integral

Das **unbestimmte Integral** bezeichnet die Menge aller Stammfunktionen von f und wird durch ein Integralzeichen ohne Grenzen dargestellt: $\int f(x)\,dx$.

Mittelwert der Funktionswerte einer Funktion

Für eine über einem Intervall [a; b] stetige Funktion f ist der Mittelwert μ aller Funktionswerte über dem Intervall [a; b] die Zahl $\mu = \frac{1}{b-a}\int_a^b f(x)\,dx$.

9. Selbsteinschätzung

Schätzen Sie Ihre Kenntnisse ein und machen Sie ein Kreuz in der entsprechenden Spalte.

Ich kann	**kann ich gut**	**muss ich noch üben**	**ich brauche Hilfe**
• den Verlauf von Vorgängen mit konstanten oder nicht konstanten Änderungsraten graphisch darstellen und daraus (näherungsweise) den Gesamteffekt bestimmen. (Beispiele: SM 1.1, SM 1.2)			
• den zum Graphen der Änderungsfunktion dazugehörigen Graphen einer möglichen Bestandsfunktion skizzieren. (Beispiel: Aufgabe 4 des SM 2.3)			
• zu einer gegebenen Potenzfunktion eine Stammfunktion finden. Beispiel: $f(x) = 2x^3 \rightarrow F(x) = \frac{1}{2}x^4 + 3$			
• Stammfunktionen mit dem TC finden bzw. Integrale berechnen.			
• die Berechnung bestimmter Integrale mit Hilfe des Hauptsatzes der Integralrechnung begründen. Beispiel: $\int_1^2 2x\,dx = \left[x^2\right]_1^2 = 2^2 - 1^2$			
• die Faktorregel für Integrale anwenden. Beispiel: $\int_1^2 a \cdot x^2\,dx = a \cdot \int_1^2 x^2\,dx$			
• die Summenregel für Integrale anwenden. Beispiel: $\int_1^2 \left(x^2 + 4x^3\right)dx = \int_1^2 x^2\,dx + \int_1^2 4x^3\,dx$			
• den Flächeninhalt einer Fläche zwischen einem Funktionsgraphen und der x-Achse bestimmen, in einfachen Fällen auch ohne TC. Beispiel: $f(x) = -(x-10)\cdot(x-2)^2 = -x^3 + 14x^2 - 44x + 40$			
• den Flächeninhalt einer Fläche zwischen zwei Funktionsgraphen bestimmen, in einfachen Fällen auch ohne TC. Beispiel: $f(x) = x$; $g(x) = -x^3 + 5x$			
• **eA:** die Formel für das Rotationsvolumen anwenden. (Beispiel: Berechnen Sie das Volumen, das entsteht, wenn die Fläche zwischen den Graphen von f und g mit $f(x) = -x^2 + 4$ und $g(x) = -\frac{1}{2}x^2 + 2$ um die x-Achse rotiert.)			
• **eA:** erklären, was man unter einem uneigentlichen Integral versteht, und uneigentliche Integrale mit dem TC bestimmen.			

10. Testaufgaben zu den hilfsmittelfreien Fertigkeiten

Aufgabe 1

Gegeben ist rechts der Graph einer Änderungsrate. Skizzieren Sie in das untere Koordinatensystem den Graphen der zugehörenden Bestandsfunktion.

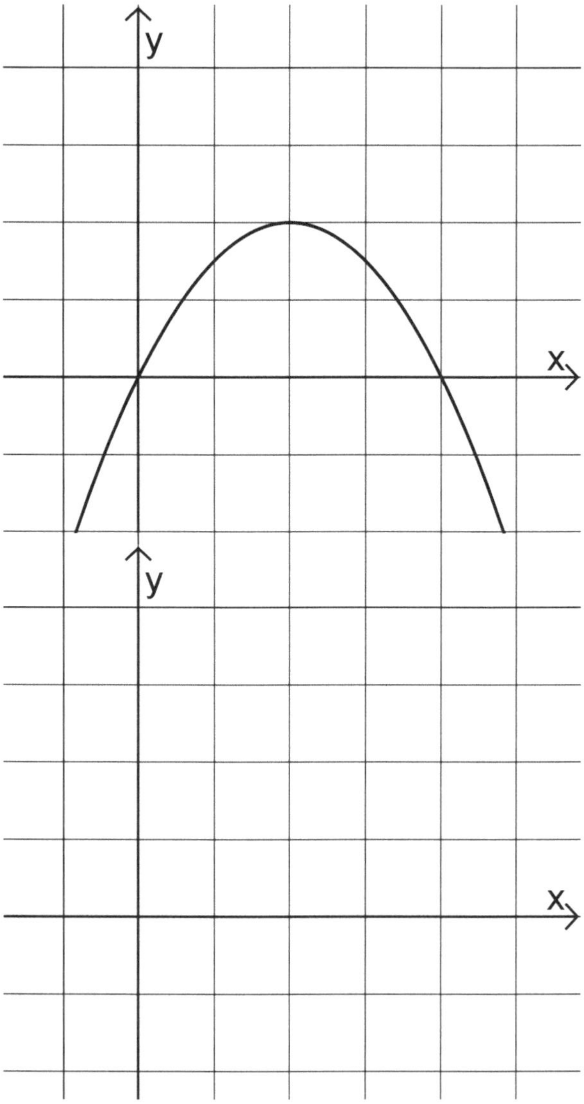

Aufgabe 2

Bestimmen Sie jeweils zwei Stammfunktionen von f:

a) $f(x) = 3x^5$ b) $f(x) = x^2 + 3$ c) $f(x) = \frac{1}{2}x^{-2}$ d) $f(x) = \sqrt{x}$

Aufgabe 3

Berechnen Sie das Integral $\int_{-1}^{2}\left(x^3 + 2x\right)dx$.

Aufgabe 4

Die Abbildung zeigt den Graphen der Funktion f mit $f(x) = \frac{1}{2}x^3 - 2x$.

Berechnen Sie den Inhalt der Fläche zwischen dem Graphen und der x-Achse sowie das Integral über dem Intervall [-2;2].
Erklären Sie die unterschiedlichen Ergebnisse.

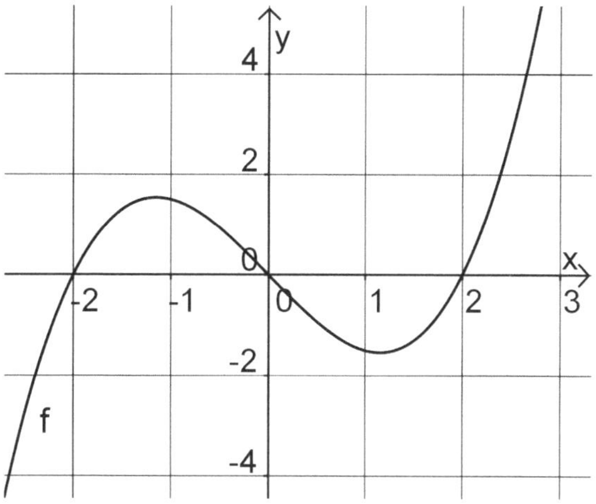

Aufgabe 5

Berechnen Sie den Inhalt der Fläche zwischen dem Graphen von f mit $f(x) = x^2 - 2x$ und der x-Achse über dem Intervall [-1;3].

Aufgabe 6

a) Erklären Sie die Regel $\int_a^c f(x)dx = \int_a^b f(x)dx + \int_b^c f(x)dx$ an einem Beispiel.

b) Erklären Sie die Regel $\int_a^b (f(x)+g(x))dx = \int_a^b f(x)\,dx + \int_a^b g(x)\,dx$ an einem Beispiel.

Aufgabe 7

Bestimmen Sie $\int (x^3 - 3ax^2)\,dx$ und $\int (x^3 - 3ax^2)\,da$

Aufgabe 8

Bestimmen Sie b rechnerisch und graphisch.

$$\int_{-1}^{b} (2x+2)dx = 1$$

Aufgabe 9

Bestimmen Sie den Inhalt der Fläche, die von den Graphen der Funktionen g und h mit $g(x) = x - 1$ und $h(x) = x^2 + 2x - 1$ eingeschlossen wird.

Aufgabe 10

Eine Kugel mit dem Radius r liegt mit ihrem Mittelpunkt im Koordinatenursprung.

Zeigen Sie unter Verwendung der Formel für Rotationsvolumina, dass gilt $V_{Kugel} = \frac{4}{3}\pi \cdot r^3$.

Begründen Sie dabei, dass $f(x) = \sqrt{r^2 - x^2}$ gilt.

11. Klausuraufgaben

Aufgabe Zu- und Abfluss

Die Grafik zeigt Zu- und Abfluss in einem Wasserbecken.
(x: Zeit; y: Menge/Zeit)

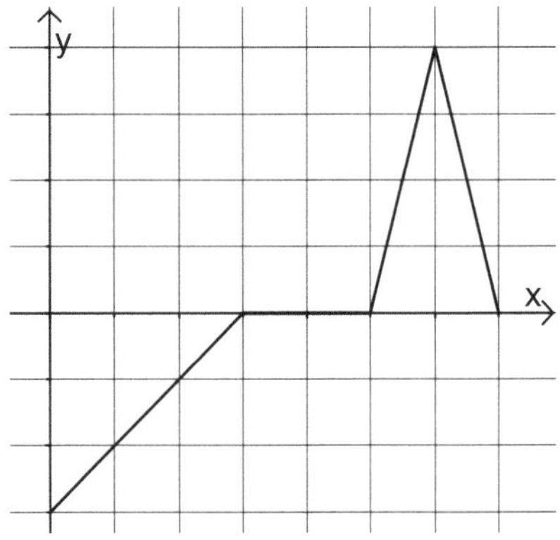

Skizzieren Sie eine Bestandsfunktion des Wasserstandes.

Aufgabe Wasserverbrauch

Der Bedarf an sogenanntem Brauchwasser eines Industriegebiets lässt sich für Arbeitstage in der Zeit zwischen 06:00 Uhr und 17:00 Uhr näherungsweise durch die Funktion v mit $v(t) = -0{,}1t^3 + 2t^2 - 4t - 10$ beschreiben, wobei v(t) den momentanen Verbrauch (Abfluss) in $\frac{m^3}{h}$ angibt.

a) Bestimmen Sie den Gesamtverbrauch an Brauchwasserverbrauch innerhalb dieses Zeitraums.

b) Die gebietseigene Wasserwiederaufbereitung liefert mit einstündiger Verzögerung 60% des Brauchwassers wieder zurück. Der Zufluss an wieder aufbereitetem Wasser lässt sich im Zeitraum von 07:00 Uhr bis 17:00 Uhr durch $w(t) = -0{,}06t^3 + 1{,}38t^2 - 4{,}98t - 2{,}34$ beschreiben, wobei w(t) den momentanen Zufluss in $\frac{m^3}{h}$ angibt.

   1) Erläutern Sie anhand einer Skizze der beiden Graphen den Zusammenhang zwischen Brauchwasserverbrauch und wieder aufbereitetem Wasser exemplarisch anhand eines selbstgewählten Zeitpunkts.

   2) Untersuchen Sie, ob es Zeitpunkte gibt, zu denen der Zufluss an aufbereitetem Wasser dem Abfluss an Brauchwasser entspricht.

   3) Bestimmen Sie die Wassermenge, die im Zeitraum zwischen 06:00 Uhr und 17:00 Uhr zusätzlich zum wiederaufbereiteten Wasser benötigt wird.

Aufgabe Quelle

Wegen mangelnder Regengüsse versiegt eine Quelle. Die Geschwindigkeiten, mit denen das Wasser an verschiedenen Tagen aus der Quelle sprudelt, lassen sich folgender Tabelle entnehmen:

Zeit in Tagen	0	2	4	6	8	10
Wassermenge in *l* /min	400	385	335	305	260	240

a)

- Skizzieren Sie die Messreihe.
- Bestimmen Sie die Wassermenge, die die Quelle am ersten Tag der Messung liefert.
- Ermitteln Sie eine Funktionsgleichung, die den obigen Sachverhalt möglichst gut abbildet undbestimmen Sie damit die Wassermenge, die die Quelle am 15. Tag liefert.

b)

- Berechnen Sie die gesamte Wassermenge, die von der Quelle in 10 Tagen geliefert wird.
- Wie viel Wasser wird die Quelle bis zum Versiegen noch liefern?

Aufgabe Funktion und Tangente

Gegeben ist die Funktion f durch $f(x) = \frac{1}{4}x^2 \cdot (x^2 - 8x + 15)$.

a) Zeigen Sie, dass $y = -x + 5$ die Gleichung der Tangente t des Graphen von f im Punkt $P(2 \mid f(2))$ ist. Skizzieren Sie den Graphen von f und die Tangente.

b) Zeigen Sie, dass die Tangente t zusammen mit dem Graphen von f ein Flächenstück begrenzt, das durch den Berührpunkt in zwei flächeninhaltsgleiche Teile zerlegt wird.

Aufgabe Waldfläche

Eine Waldfläche wird durch Holzeinschlag um 18 ha pro Jahr verringert. Nach fünf Jahren wird der Einschlag beendet und die Fläche wird wieder aufgeforstet, so dass die Waldfläche dann um 7,5 ha pro Jahr zunimmt.

a) Stellen Sie den Verlauf des Vorgangs für den Zeitraum der ersten 15 Jahre nach Beginn des Holzeinschlags graphisch dar.

b) Bestimmen Sie die Gesamtänderung der Waldfläche in den ersten 15 Jahren und untersuchen Sie, wann die Waldfläche wieder die ursprüngliche Größe erreicht hat.

nach EdM 11/12, 978-3-507-87920-1 S. 87.

Aufgabe Zerfall

Für den Zerfall einer radioaktiven Substanz hat man folgende Messwerte erhalten. Dabei gibt ein Bq (Becquerel) die Anzahl der Atome an, die pro Sekunde zerfallen.

Zeitpunkt t in s	0	5	10	15	20	25
Zerfall in Bq	1247	1172	1101	1035	972	913

Stellen Sie die Daten graphisch dar und ermitteln Sie einen Näherungswert für die Anzahl der Atome, die insgesamt nach 30 s zerfallen sind.

nach EdM 11/12, 978-3-507-87920-1 S. 101.

Aufgabe Flächeninhalt (eA)

Gegeben ist die Funktionenschar f_k mit $f_k(x) = k \cdot x^3 - (k+1) \cdot x^2$; $k > 0$ sowie die Gerade g mit $g(x) = -x$.

a) Bestimmen Sie die Schnittstellen der Geraden mit den Graphen zu f_k.

b) Klassifizieren Sie die Funktionenschar nach Anzahl und gegenseitiger Lage der Schnittstellen in Abhängigkeit von k.

c) Bestimmen Sie in Abhängigkeit von k den Flächeninhalt der Flächen, die jeweils von der Geraden und den Graphen zu f_k eingeschlossen werden.

Aufgabe Flächeninhalte (gA)

Gegeben sind die Funktionen f_1 mit $f_1(x) = 1 \cdot x^3 - 2 \cdot x^2$ und f_2 mit $f_2(x) = 2 \cdot x^3 - 3 \cdot x^2$. Die Gerade g mit $g(x) = -x$ schließt sowohl mit dem Graphen zu f_1 als auch mit dem Graphen zu f_2 eine Fläche ein.

Bestimmen Sie jeweils deren Flächeninhalt.

Aufgabe Begründungen

a) Erläutern Sie die Bedeutung der Gleichung $\int_a^b f(x)dx = -\int_b^a f(x)dx$.

Beweisen Sie diese Gleichung.

b) Erläutern Sie die Aussage:

„Jede Integralfunktion $\int_a^x f(t)dt$ ist eine Stammfunktion, aber nicht jede Stammfunktion ist eine Integralfunktion.“

Aufgabe Luise und Kurt

Das Diagramm zeigt jeweils die ***Zeit-Geschwindigkeits-Kurve*** der Lastkähne ‚Luise‘ und ‚Kurt‘, die auf dem Rhein in die gleiche Richtung fahren.

a) Beschreiben Sie jeweils die Fahrt von ‚Luise‘ und ‚Kurt‘.

b) Wann ist ‚Luise‘ vorn, wann ‚Kurt‘?
Ermitteln Sie, wie weit ‚Luise‘ und ‚Kurt‘ nach neun Stunden gefahren sind.

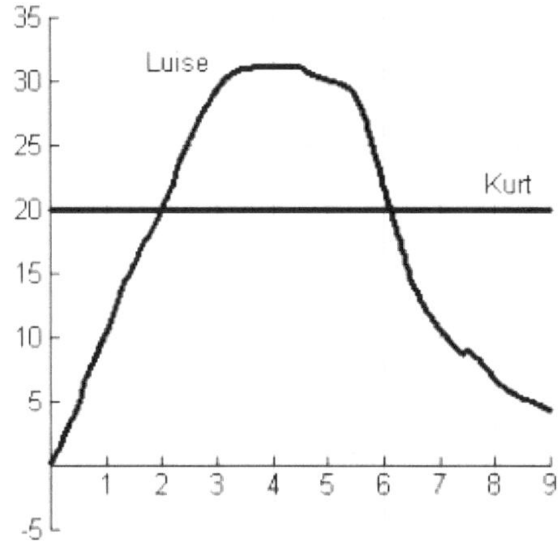

Aufgabe Parabeln und eine Gerade

Gegeben sind die Funktionenschar durch $f(x,c) = \frac{1}{2}x^2 + c \cdot x$ und die Gerade g mit $g(x) = x$.

a) Bestimmen Sie die Nullstellen und den Scheitelpunkt von f in Abhängigkeit von c.
Skizzieren Sie einige Scharkurven und den Graph von g.

b) Bestimmen Sie in Abhängigkeit von c den Inhalt der Fläche, die die Graphen von fund g einschließen.
Berechnen Sie, für welche Werte von c der Flächeninhalt 18 beträgt.

c) Bestimmen Sie $\int_{-6}^{0} (g(x) - f(x,c))\, dx$ (*)

Geben Sie jeweils eine geometrische Deutung für den Fall, dass
(1) (*) > 0
(2) (*) = 0
(3) (*) < 0
gilt. Betrachten Sie dazu die Differenzfunktion d mit $d(x) = g(x) - f(x,c)$.

Aufgabe Integration

Gegeben ist die Funktion f mit $f(x) = -x^2 + 6x$.

a) Skizzieren Sie den Graphen von f. Bestimmen Sie ohne TC $\int_0^k f(x)\,dx$, nennen Sie die dabei benutzten Sätze und Formeln und veranschaulichen Sie das Integral in der Skizze.

b) Bestimmen Sie die Lösungen der Gleichung $\int_0^k f(x)\,dx = 18$.

Interpretieren Sie die Lösungen. Nutzen Sie dazu auch die Gültigkeit der Aussage $\int_a^b f(x)dx = -\int_b^a f(x)dx$ sowie die Skizze aus Aufgabenteil a).

c)

- Bestimmen Sie den Inhalt der Fläche, die der Graph zu f mit der x-Achse umschließt.
- Bestimmen Sie die Parallele zur y-Achse, die diese Fläche halbiert.
- Bestimmen Sie die Ursprungsgerade $y = m \cdot x$, die diese Fläche halbiert.

Aufgabe Rotationskörper (eA)

Welches Volumen hat der Rotationskörper, der durch Drehung des Funktionsgraphen um die x-Achse zwischen den Nullstellen von $f(x) = c - \frac{1}{9}(c-3) \cdot x^2$ (c>3) entsteht? Für welchen Wert von c wird das Volumen maximal?

Aufgabe Rotationskörper (eA)

Straußeneier sind die größten Vogeleier in der Tierwelt. Ein Ei ist ungefähr 15 cm lang und 12 cm breit. Modellieren Sie die Form durch eine geeignete Randfunktion und berechnen Sie das Volumen.

Wachstumsmodelle – Exponentialfunktion

© Pagot

CAliMERO

Computer-Algebra im Mathematikunterricht
Entdecken, Rechnen, Organisieren

Inhaltsverzeichnis

Überblick über den Unterrichtsverlauf

Stundenzahl	
4	1. Ableitungsregeln
6 - 8	2. Exponentialfunktion und ihre Umkehrung
8 - 10	3. Exponentielles Wachstum
4 - 6	4. Begrenztes Wachstum
6 - 8	5. Logistisches Wachstum
6 - 8	6. Vermischte Aufgaben
4 - 6	7. Anwendungen von Exponentialfunktionen
38 - 50	Summe

Mindmap

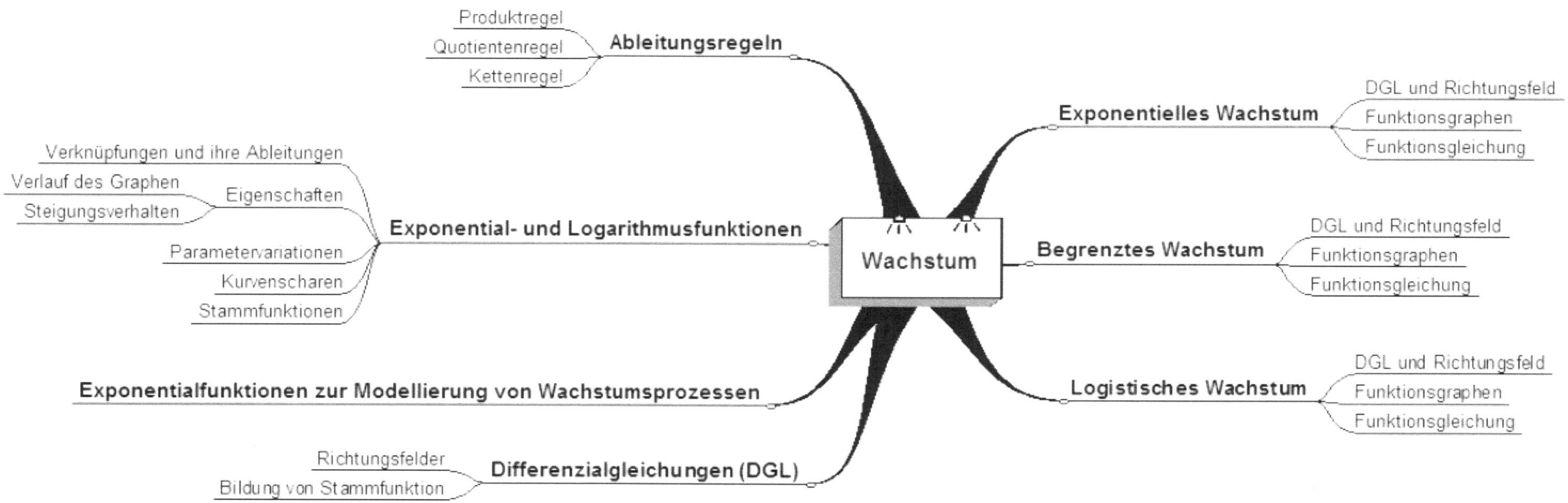
Wachstum
Ableitungsregeln
Produktregel
Quotientenregel
Kettenregel
Exponential- und Logarithmusfunktionen
Verknüpfungen und ihre Ableitungen
Eigenschaften
Verlauf des Graphen
Steigungsverhalten
Parametervariationen
Kurvenscharen
Stammfunktionen
Exponentialfunktionen zur Modellierung von Wachstumsprozessen
Differenzialgleichungen (DGL)
Richtungsfelder
Bildung von Stammfunktion
Exponentielles Wachstum
DGL und Richtungsfeld
Funktionsgraphen
Funktionsgleichung
Begrenztes Wachstum
DGL und Richtungsfeld
Funktionsgraphen
Funktionsgleichung
Logistisches Wachstum
DGL und Richtungsfeld
Funktionsgraphen
Funktionsgleichung

Mathematisch argumentieren	Probleme mathematisch lösen	Mathematisch modellieren	Mathematische Darstellungen verwenden	Mit symbolischen, formalen …	Kommunizieren
Die Schülerinnen und Schüler • erläutern in inner- und außermathematischen Situationen Strukturen und Zusammenhänge und stellen darüber Vermutungen auf. • begründen oder widerlegen Aussagen in angemessener Fachsprache mit mathematischen Mitteln und reflektieren die Vorgehensweise. • vertreten eigene Problemlösungen und Modellierungen. --- *Erhöhtes Anforderungsniveau zusätzlich:* • vergleichen und bewerten verschiedene Begründungen für einen mathematischen Sachverhalt. • variieren Situationen, stellen Vermutungen auf und untersuchen diese.	Die Schülerinnen und Schüler • finden in inner- und außermathematischen Situationen mathematische Probleme, formulieren diese mit eigenen Worten und in mathematischer Fachsprache. • überprüfen die Plausibilität der Ergebnisse. • beschreiben, vergleichen und bewerten Lösungswege. --- *Erhöhtes Anforderungsniveau zusätzlich:* • variieren vorgegebene mathematische Probleme und untersuchen die Auswirkungen auf die Problemlösung.	Die Schülerinnen und Schüler • vereinfachen durch Abstrahieren und Idealisieren Realsituationen, um sie einer mathematischen Beschreibung zugänglich zu machen und reflektieren die Vereinfachungsschritte. • beschreiben Realsituationen und Realprobleme durch mathematische Modelle wie z. B. durch Funktionen, Zufallsversuche, Wahrscheinlichkeitsverteilungen, Matrizen, Koordinaten und Vektoren. • verwenden Regressionen zur Ermittlung eines mathematischen Modells. • führen mit den Verfahren der Infinitesimalrechnung Berechnungen im Modell durch und interpretieren die Verfahren ggf. hinsichtlich der Realsituation. • interpretieren Ergebnisse aus Modellrechnungen in der Realsituation und modifizieren ggf. das Modell. • reflektieren die Grenzen von Modellen und der mathematischen Beschreibung von Realsituationen. • ordnen einem mathematischen Modell verschiedene passende Realsituationen zu und reflektieren so die Universalität von Modellen.	Die Schülerinnen und Schüler • verwenden verschiedene Darstellungsformen von Funktionen und wechseln zwischen diesen. • begründen ihre Auswahl von Darstellungen. --- *Erhöhtes Anforderungsniveau zusätzlich:* • begründen ihre Auswahl von Darstellungen und reflektieren allgemeine Vor- und Nachteile sowie die Grenzen unterschiedlicher Darstellungsweisen.	Die Schülerinnen und Schüler • verwenden mathematische Symbole zum Strukturieren von Informationen, zum Modellieren und zum Problemlösen. • reflektieren deren Verwendung und übersetzen zwischen symbolischer und natürlicher Sprache. • arbeiten mit Funktionstermen und Gleichungen • setzen die eingeführte Technologie in allen Themenfeldern als sinnvolles Werkzeug zum Lösen mathematischer Probleme ein. • belegen ihr Grundverständnis für elementare algorithmische Verfahren, indem sie diese auch ohne die eingeführte Technologie in überschaubaren Situationen ausführen. --- *Erhöhtes Anforderungsniveau zusätzlich:* • kennen algorithmische Verfahren und können sie anhand von Beispielen erläutern.	Die Schülerinnen und Schüler • erfassen, interpretieren und reflektieren mathematikhaltige authentische Texte. • erläutern eigene Problembearbeitungen und Einsichten sowie mathematische Zusammenhänge mit eigenen Worten und unter Verwendung geeigneter Fachsprache. • dokumentieren Überlegungen, Lösungswege und Ergebnisse auch im Hinblick auf die verwendete Technologie und stellen jene verständlich dar. • verstehen Überlegungen von anderen zu mathematischen Inhalten, überprüfen diese auf Schlüssigkeit und Vollständigkeit und gehen darauf ein.

Inhaltsbezogene Kompetenzen

<table>
<tr><th colspan="2">Leitidee: Funktionaler Zusammenhang</th></tr>
<tr><th>grundlegendes Anforderungsniveau</th><th>erhöhtes Anforderungsniveau</th></tr>
<tr><td colspan="2">Die Schülerinnen und Schüler …
• geben die maximale Definitionsmenge von Funktionen – auch in Sachsituationen – an.
• kennen abschnittsweise definierte Funktionen.
• untersuchen das Grenzverhalten von Funktionen von waagerechten Asymptoten der zugehörigen Graphen.
• erkennen Monotonie- und Krümmungsverhalten von Graphen und nutzen dies zur Begründung der Existenz von Extrem- und Wendepunkten.
• nutzen notwendige Bedingungen sowie inhaltliche Begründungen zur Bestimmung von lokalen Extrem- und Wendestellen.
• kennen Verknüpfungen und Verkettungen der e-Funktion mit ganzrationalen Funktionen zur Beschreibung von inner- und außermathematischen Problemen.
• verwenden Produkt-, Quotienten- und Kettenregel beim Ableiten von Funktionen.
• verwenden das Modell des begrenzten und das Modell des logistischen Wachstums.
• nutzen bei Funktionen und Scharen ganzrationaler Funktionen charakteristische Merkmale wie Extremstellen, Wendestellen und Krümmungsverhalten zum Lösen inner- und außermathematischer Probleme.
• führen Parametervariationen zur Anpassung von Funktionen an Daten durch.
• deuten das bestimmte Integral als aus Änderungen rekonstruierter Bestand und als Flächeninhalt.
• kennen Stammfunktionen für die Funktionen $x \to e^x$, $x \to \sin(x)$, $x \to \sqrt{x}$ und $x \to x^n$; $n \in \mathbb{Z}$, darunter auch $x \to \frac{1}{x}$.
• kennen den Zusammenhang zwischen Differenzieren und Integrieren.
• nutzen den Zusammenhang zwischen Ableitung und Integral zur Bestätigung von Stammfunktionen.
• berechnen unbestimmte Integrale mithilfe der Summen- und Faktorregel.
• wenden Rechengesetze für bestimmte Integrale an.</td></tr>
<tr><td></td><td>• nutzen bei Scharen von Funktionen, die durch Verknüpfungen und Verkettungen der e-Funktion mit ganzrationalen Funktionen entstehen, charakteristische Merkmale zum Lösen inner- und außermathematischer Probleme.
• erkennen den Zusammenhang zwischen Funktion und Ableitungsfunktion und deuten die resultierende Differenzialgleichung im Sachkontext der Wachstumsmodelle.</td></tr>
</table>

Rechnerfreie Fertigkeiten

Die Schülerinnen und Schüler sollen …

1. einfache Funktionen mithilfe der Ketten-, Produkt- und Quotientenregel ableiten können.
2. Eigenschaften einfacher Exponentialfunktionen nennen und deren Graphen skizzieren können.
3. die besondere Rolle der e-Funktion erläutern und allgemeine Exponentialfunktionen in die Darstellung als e-Funktion überführen können.
4. Ableitungen und Stammfunktionen der Exponentialfunktionen bilden können.
5. die ln-Funktion als Umkehrfunktion der e-Funktion skizzieren können.
6. die Ableitung einfacher ln-Funktionen berechnen und den ln zur Lösung einfacher Exponentialgleichungen anwenden können.
7. die verschiedenen Typen von Wachstumsvorgängen anhand von Datensätzen, Graphen, Richtungsfeldern und Funktionstermen unterscheiden können.
8. zu einer einfachen DGL das Richtungsfeld skizzieren können.
9. zu exponentiellen, begrenzten und logistischen Wachstumsvorgängen passende DGLn und Funktionsterme erstellen können.

Beispiele:

1. Bestimmen Sie die Ableitung der folgenden Funktionen:

   $f(x) = (x^2+2)\cdot(3x-2x^2)$; $g(x) = \sqrt{5x^2-x}$; $h(x) = \frac{2x}{x^2+3}$

2. Geben Sie einen geeigneten Funktionsterm für f an:

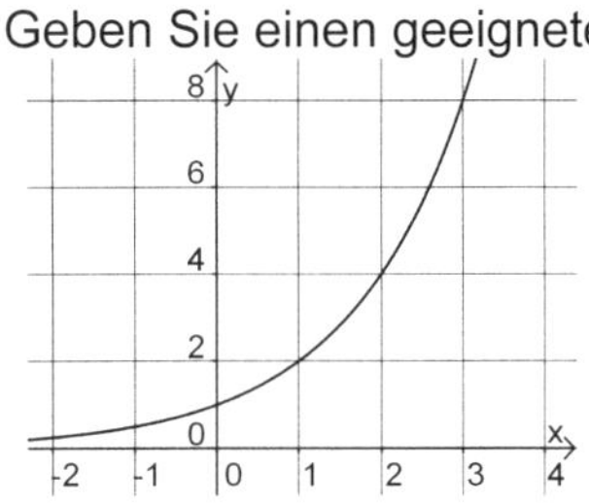
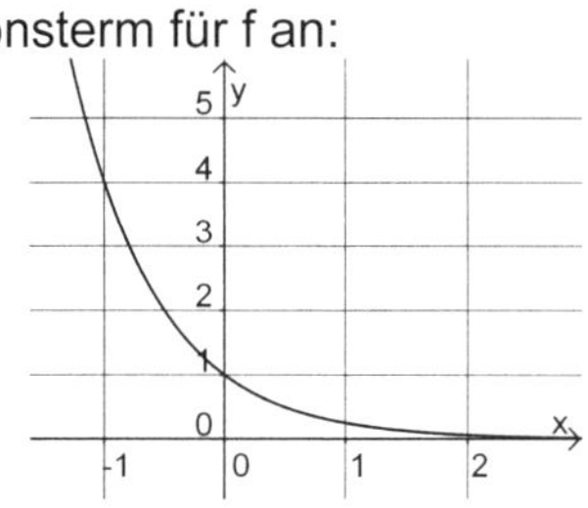
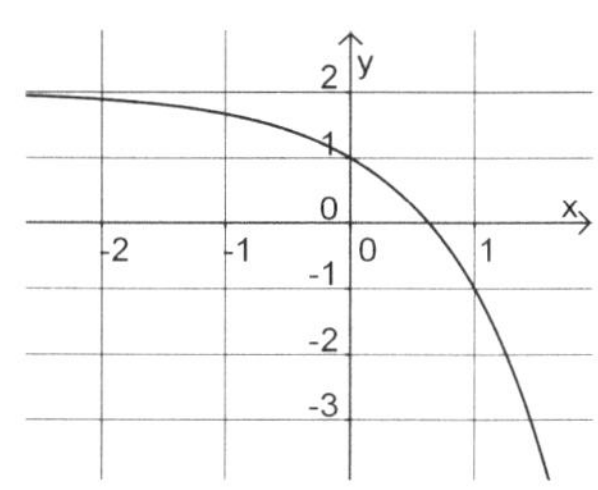

3. Stellen Sie die Exponentialfunktion als Funktion zur Basis e dar und geben Sie jeweils die Ableitung an:

   $f(x) = 3^x$; $g(x) = \left(\frac{1}{5}\right)^x$; $h(x) = 4\cdot 7^x$

4. Bestimmen Sie die Ableitungen:

   $f(x) = 2\cdot e^{0,5x}$; $g(x) = e^{2x}3x^2$; $h(x) = (2x-1)\cdot e^x$; $k(x) = x\cdot\ln(2x+1)$; $l(x) = 3\cdot 5^x$

   Berechnen Sie die Integrale: $\int_0^2 e^{-x}dx$, $\int_{-1}^{1}(2\cdot e^{0,5\cdot x}+1)dx$, $\int_{-1}^{2}(-e^x-x)dx$

   Lösen Sie die Gleichungen: $x = \ln(e^5)$; $e^x = 100$; $4\cdot e^x = 0,5$; $\ln(x+1) = 3$; $\ln(x) = -1$

8. Erzeugen Sie für die markierten Gitterpunkte das Richtungsfeld zur Differentialgleichung $f'(x) = 0,1\cdot f(x)$.

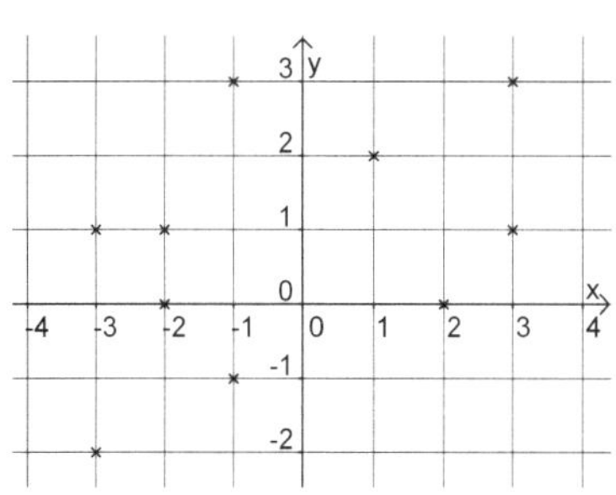

CAS-Fertigkeiten

Im Umgang mit dem TC sollten die Schülerinnen und Schüler am Ende der Einheit zusätzlich über folgende Fertigkeiten verfügen:

- Unterschiedliche Darstellungen von e-Funktionen bei Verwendung der drei Modi auto, exakt und approx,
- Erstellung eines Richtungsfeldes nach vorgegebener DGL,
- Skizzieren des Graphen einer Lösungsfunktion in das Richtungsfeld.

Vorbemerkung zur Sequenzierung der Inhalte des Lernbereichs:

Im Lernbereich Wachstum steht das Modellieren von Änderungen im Mittelpunkt. Mit der Ableitung steht Schülern ein mächtiges Werkzeug zur Verfügung. In diesem Lernbereich werden Beziehungen zwischen den Änderungen (f'(x)) und den Beständen (f(x)) untersucht. Diese werden durch Differentialgleichungen am prägnantesten beschrieben, die graphisch durch Richtungsfelder dargestellt werden können. Diese ermöglichen ein grundlegendes Verständnis von DGLn mit entsprechendem Aufbau adäquater Grundvorstellungen. Da im TC Richtungsfelder erzeugt werden können, steht dem Schüler ein mächtiges Werkzeug für das selbständige Finden und Untersuchen von Näherungslösungen zur Verfügung (eine Analogie zum graphischen Lösen von Gleichungen in den Klassen 7-10). Da solche Beziehungen zwischen Änderungen und Beständen grundlegend für ein Verständnis der Wachstumsmodelle sind, werden sie auf beiden Kursniveaus behandelt. Dieses Ziel wird verfehlt, wenn die Wachstumsfunktionen ohne vorweg hergestellten Bezug zu den ihnen zugrunde liegenden Wirkzusammenhängen behandelt werden. Um die DGLn von dem damit verbundenen Kalkül zu entlasten, werden hier graphisch-numerische Lösungsverfahren (Richtungsfelder, Euler-Cauchy-Verfahren) gewählt. Diese ermöglichen es, dass Schüler selbsttätig mit Verständnis DGLn lösen können. Um dies zu erreichen, wird das innermathematisch notwendige und im Lernbereich geforderte Handwerkszeug ausgelagert und in einem ersten Teil eingeführt (1./2.). Die Termkomplexität innerhalb der Aufgaben ist so angelegt, dass alles ‚zu Fuß' bearbeitet werden kann und sollte. In 3./4./5. werden dann die drei Wachstumsmodelle erarbeitet und ein Minimalkatalog an Übungen bereitgestellt. In 6. stehen zunächst weitere vertiefende und sichernde Übungen bereit (6.1-6.3), ehe dann noch modulartig vier weitere mögliche Weiterungen und Vertiefungen in thematischer Fokussierung als „Themenseiten" angeboten werden (6.4-6.8). Diese sind als Angebote zu nehmen und sollten nach Zeit und Interesse eingesetzt werden. Sie eignen sich auch gut zur individuellen Bearbeitung durch Schüler in Form von Referaten, Vorträge etc. (Binnendifferenzierung).

In 7. werden e-Funktionen mit linearen Verknüpfungen (vgl. KC) behandelt. Hier werden dann auch bekannte Fragestellungen aus den anderen Lernbereichen der Analysis wieder aufgenommen und geübt.

Thema 1: Ableitungsregeln	**Dauer: 4 Stunden**
Besondere Materialien/Technologie: LM: --- SM: 1.1 und 1.2	
Anhand der Verknüpfung bekannter Funktionstypen durch Addition, Faktorisierung und Quotientenbildung soll durch das händische Bestimmen der Ableitungsfunktionen ein Bewusstsein für die Notwendigkeit neuer Ableitungsregeln geschaffen werden. Die Produkt- und Quotientenregel werden mithilfe von TC-Ausgaben analysiert, verallgemeinert und hilfsmittelfrei geübt. In vergleichbarer Weise wird die Kettenregel erarbeitet.	

Aufgabe 1

Es werden Verknüpfungen bekannter Funktionen dazu benutzt, Bekanntes (Ableitungen) zu wiederholen, aber auch zu erfahren, dass es noch Funktionen gibt, für die die Ableitung (noch) nicht bekannt ist, weil entsprechende Regeln fehlen.

Aufgabe 2

Es werden die Ableitungsregeln (TC als Formelsammlung) vorgegeben und an einigen Beispielen hilfsmittelfrei angewendet. c) zeigt die Passung der unterschiedlichen Ableitungsregeln.

Aufgabe 3

Einführung des Verkettens von Funktionen. Das Ausfüllen der Tabelle soll Einsicht in die Struktur der Verkettung schaffen.

Aufgabe 4

Es wird analog zu A2 die Kettenregel durch ‚Mustererkennung' des TC-Ausdrucks eingeführt.

Aufgabe 5

Kleiner Übungskatalog zum händischen Ableiten.

Es soll hier bei einer Einführung und kleinen ersten Übungen bleiben. Für eine Stabilisierung sollten unbedingt in den folgenden Wochen immer wieder kleine Übungen zum Ableiten hilfsmittelfrei durchgeführt werden (analog zu den Kopfübungen).

Thema 2: Exponentialfunktion und ihre Umkehrung	**Dauer: 6-8 Stunden**

Besondere Materialien/Technologie:

LM: ---

SM: 2.1 bis 2.5

Im ersten Teil dieses Kapitels werden als Wiederholung verschiedene Wachstumsprozesse und grundlegende Eigenschaften von Exponentialfunktionen betrachtet. Über die Ableitung der Exponentialfunktionen wird dann die e-Funktion als diejenige Exponentialfunktion eingeführt, die mit ihrer Ableitung übereinstimmt. Nach einer Übungsphase zu den Ableitungen und Stammfunktionen der e-Funktion, wird die ln-Funktion als Umkehrung der e-Funktion eingeführt und die Ableitung der ln-Funktion begründet.

Aufgaben 1 und 2: Wiederholungen zu Wachstumsvorgängen und Exponentialfunktionen, die gut als vorbereitende Hausaufgabe eingesetzt werden können.

Aufgabe 3: Erarbeitung der Ableitung von Exponentialfunktionen bis zur Darstellung $f'(x) = f'(0) \cdot f(x)$.

Nach einer qualitativen, anschaulichen Erschließung der Ableitung und einer numerisch-graphischen Bestätigung mit der Sekantensteigungsfunktion von $f(x) = 2^x$ kann die algebraische Herleitung mit dem vorgegebenen Lehrtext selbständig nachvollzogen werden.

Die allgemeine Ableitung einer Exponentialfunktion zur Basis b erfolgt als Übung in b).

Hinweis: Wenn Schüler mit dem CAS Ableitungen bestimmen, erhalten Sie entweder einen unbekannten Ausdruck (EXAKT-Modus) oder einen Näherungswert (APPROX-Modus). Im letzteren Fall muss die Frage nach der inhaltlichen Bedeutung den Motor für die weitere Untersuchung bilden.

Aufgabe 4: Erarbeitung von $f(x) = e^x$. Schüler können hier auf graphischem Weg (mithilfe der Sekantensteigungsfunktion) oder auf numerisch-algebraischem Weg Näherungen für ‚e'ermitteln. (Wissensspeicher)

Aufgabe 5: Das Problem der stetigen Verzinsung (vgl. KC) rundet die Einführung von e^x ab. Die Untersuchung der Frage nach Verzinsung in jedem Moment (stetige Verzinsung) führt auf Formeln, die in den Aufgaben 3 und 4 hergeleitet wurden und stellt damit den Zusammenhang mit eher.

Aufgaben 6 bis 8: Üben des Umgangs mit der neuen Funktion, möglichst durchweg hilfsmittelfrei.

Aufgabe 9: Die Gleichung $e^x = a$ soll mit bekannten graphisch-numerischen Methoden gelöst werden. Die exakte Lösung mit dem CAS führt zur Einführung des natürlichen Logarithmus.

Aufgabe 10: Hilfsmittelfreie Übungen zum Verständnis des Zusammenhanges von e und ln.

Aufgabe 11: Die Anwendung der Exponentialfunktion auf Wachstumsprozesse bereitet die im Folgenden wichtige Unterscheidung zwischen Prozentwerten (bezogen auf Zeitintervalle) und momentanen Wachstumsraten vor (vgl. SM 3.4).

Aufgaben 12 und 13: Einführung der natürlichen Logarithmusfunktion und ihrer Ableitung.

Aufgabe 14: Etwas zum Staunen: e^x ‚überholt' x^{10} noch einmal, genauso wie $\ln(x)$ noch einmal von $x^{\frac{1}{10}}$ ‚überholt' wird.

Hinweis: Der TI-Nspire liefert algebraisch zwar die dritte Lösung, warnt aber vor eventuell weiteren existierenden Lösungen.

Eine graphisch-tabellarische Untersuchung der Differenzfunktion auf Nullstellen ist etwas übersichtlicher, weil der VZW einfacher zu sehen ist. Inhaltlich ist festzuhalten:

(1) Exponentialfunktionen mit a>1 wachsen auf Dauer immer stärker als jede Potenzfunktion.	$\lim\limits_{x\to\infty} \frac{x^n}{a^x} = 0$	(2) Logarithmusfunktionen wachsen auf Dauer immer langsamer als jede Wurzelfunktion.	$\lim\limits_{x\to\infty} \frac{\ln(x)}{\sqrt[n]{x}} = 0$

Aufgaben 15 und 16: Festigende Übungen mit Bezug zu Bekanntem (Integralrechnung).

Thema 3: Exponentielles Wachstum	**Dauer: 8-10 Stunden**

Besondere Materialien/Technologie:

LM: 3.1 und 3.2

SM: 3.1 bis 3.8

In diesem Kapitel werden exponentielle Wachstumsprozesse durch ihre Funktionsterme und ihre Differentialgleichungen charakterisiert und linearen Wachstumsprozessen gegenübergestellt.

Mit den Richtungsfeldern (SM 3.1 und 3.2) wird für den weiteren Verlauf ein mächtiges Werkzeug erarbeitet, dass in zweierlei Hinsicht bedeutsam ist:

(1) Schüler können selbsttätig numerisch-graphische Lösungen von DGLn generieren, nachdem sie zuvor die zentrale Tätigkeit des Modellierens, das Aufstellen einer DGL, erarbeitet haben. Sie können diese damit sowohl bzgl. ihrer Adäquatheit zum Sachzusammenhang überprüfen als auch numerisch zur Passung zu realen Daten verwenden (vgl. A3, A14-A17), ohne auf die Ermittlung oder Vorgabe einer Lösungsfunktion angewiesen zu sein.

(2) Richtungsfelder geben Einsicht in die Struktur von Differentialgleichungen und fördern den Aufbau diesbezüglicher Grundvorstellungen.

Aufgabe 1: Diese Aufgabe bietet einen ersten Einstieg in die Erzeugung von Richtungsfeldern. Ausgehend von der Zuordnungsaufgabe a) soll im Folgenden die zentrale Frage gestellt und beantwortet werden, welche (Bestands-) Funktionen zu den drei gegebenen Ableitungsfunktionen gehören. Dies geschieht in der Tabelle, in der die konkreten Informationen aus der Gleichung numerisch und dann graphisch umgesetzt werden. Wichtig ist, dass dies zunächst intensiv händisch passiert, so dass das Richtungsfeld (3.2) vor den Augen entsteht. Durch die Verwendung verschiedener y-Werte bei gleichem x-Wert soll den Schülern deutlich werden, dass die Bestimmung von Bestandsfunktionen von der Anfangsbedingung abhängig ist. Bei alleiniger Kenntnis über die Änderungsrate kann noch keine eindeutige Bestandsfunktion angegeben werden, sondern lediglich das zugehörige Richtungsfeld. Da mindestens bei (1) und (2) Lösungsfunktionen sicher schon vorher erschlossen werden, können hier auch hinreichende Wiedererkennungseffekte genutzt werden (LM 3.1 und LM 3.2).

Mögliche Muster, die hier erkannt werden können und Verständnis erzeugen bzw. zeigen, sind:

(1) In jedem Punkt dieselbe Steigung ($f'(x)$ sowohl unabhängig von x als auch von $f(x)$).

(2) Parallele Tangentenstücke auf Parallelen zur y-Achse ($f'(x)$ unabhängig von $f(x)$).

(3) Parallele Tangentenstücke auf Parallelen zur x-Achse ($f'(x)$ unabhängig von x).

Anmerkung: Die Linien, zu denen Punkte mit derselben Steigung gehören, heißen *Isoklinen.*

Mit dem Richtungsfeld erfassen Schüler dann die Lösungsmannigfaltigkeit auf eine neue Art und Weise; für eine konkrete Lösung muss jetzt noch ein Startpunkt vorgegeben werden (Wenn hier konkrete Erinnerungen an die Integralrechnung auftauchen, umso besser: *„Bei der Badewanne mussten wir ja auch wissen, wieviel am Anfang darin enthalten war, um die Wassermenge zu bestimmen.*“).

Aufgabe 2: Erst wenn die Genesis der Lösungskurven ‚entschleunigt‘ händisch erfahren wurde, sollte die Umsetzung mit dem TC behandelt werden (TC-Hilfen).

Das hier beschriebene Verfahren entspricht dem Euler-Verfahren (vgl. SM 6.8). Dieses Verfahren hat den Vorteil, einfach zu sein, aber den Nachteil, dass es bei unterschiedlichen Schrittweiten zu stark unterschiedlichen Verläufen der Näherungskurven bis hin zu gänzlich anderen Verläufen führen kann. Der TC kann deswegen neben diesem Verfahren auch noch das leistungsstärkere Runge-Kutta-Verfahren verwenden.

Im Unterricht sollte beim TC grundsätzlich das Runge-Kutta-Verfahren (RK) voreingestellt sein.

In SM 3.7 A17 kann man die Unterschiede der beiden Methoden schön erleben. Wer darauf verzichten will, stellt den TC gleich auf Runge-Kutta (RK) ein. Mit EULER wird eben nur das Verfahren im TC benutzt, dass auch im Unterricht erarbeitet wurde.

Erarbeitung des exponentiellen Wachstums und Vergleich mit linearem Wachstum

Aufgabe 3: Hier sind Daten der Ausgangspunkt. Ohne Kenntnis der exakten Funktion f lassen sich mit Hilfe des Richtungsfeldes weitere Prognosen zur Verschuldung erstellen.

Man wählt einen Wert für k und überprüft die Passung. Dann verändert man k in gewünschter Richtung.

Während bisher Parameter der Funktionsgleichung mithilfe von Regression oder Benutzung einzelner Messwerte bestimmt wurden, wird hier jetzt ein passender Wert für k mit dem neuen Werkzeug Richtungsfeld experimentell bestimmt.

Aufgabe 4: In dieser Aufgabe wird die Änderung konkret angegeben, woraus die Wachstumskonstante zu berechnen ist. Eine Erweiterung der Aufgabe ergibt sich durch Variationen des Startwertes.

Zusammenfassend ergibt sich die Charakterisierung der exponentiellen Wachstumsprozesse wie im Wissensspeicher:

Zunächst wird das Änderungsverhalten sprachlich beschrieben, dann mittels einer DGL algebraisch erfasst. Anschließend wird die DGL durch ein Richtungsfeld veranschaulicht, mit einem Anfangswert wird dann eine Lösungsfunktion ermittelt und skizziert.

Methodischer Hinweis: Aufgabe 3 und 4 können gut in arbeitsteiliger Gruppenarbeit bearbeitet werden.

Wichtiger Hinweis für die Bestimmung der Wachstumskonstante k:

In Alltagstexten und Berichten werden Änderungsraten bzgl. des Bestandes durchweg in % und auf einen Zeitraum bezogen angegeben (die Benutzung von „%“ legt dies unmittelbar nahe). Es handelt sich damit bei p% immer um eine mittlere Änderungsrate. Da das ‚k‘ in $f'(x) = k \cdot f(x)$ sich aber auf die momentane Änderung bezieht, muss hier sauber unterschieden werden. Sprachlich sollte dies dadurch geschehen, dass der Begriff „Wachstumskonstante“ *k* sich immer auf die momentane Rate bezieht und Prozentangaben auf Zeitintervalle, also immer mittlere Änderungsraten darstellen. Der entscheidende Zusammenhang ist mit, also

$\ln(1+\frac{p}{100}) = k$ bzw. $p = 100 \cdot (e^k - 1)$ gegeben (vgl. Wissensspeicher).

Diese Problematik wird in den Aufgaben 5 bis 8 thematisiert und geübt.

Aufgaben 5 und 6: Die Umrechnungen werden in beiden Richtungen geübt und es wird dadurch für das Phänomen hinreichend sensibilisiert.

Aufgaben 7 und 8: Diese Aufgaben dienen dem Verständnis der unterschiedlichen Bedeutungen und vernetzen nebenbei mit den bekannten Konzepten „Mittlere Änderungsrate“ und „Momentane Änderung“. An der Grafik kann auch das Phänomen gut veranschaulicht werden, das bei linksgekrümmten Graphen die momentane Rate kleiner als die mittlere ist und bei rechtsgekrümmten umgekehrt. Die funktionale Deutung in A8 unter Verwendung der Graphen veranschaulicht schön, dass der Unterschied bei kleinen Prozentwerten marginal ist, für Werte über 50% aber zunehmend erheblich.

Aufgaben 9 und 10: Angebot innermathematischer Übung zur Sicherung des Umgangs mit DGLn und deren Beziehung zu den Lösungsfunktionen.

Aufgabe 11: Charakteristische Kenngrößen (Halbwertzeit, Verdopplungszeit).

Aufgaben 12 und 13: Üben in Anwendungskontexten. Hier werden aus dem Jahrgang 10 bekannte Fragestellungen wiederaufgenommen, um sie mit e-Funktionen zu bearbeiten.

Während in den Aufgaben 9 bis 13 mehr innermathematische Aspekte und deren Verständnis im Mittelpunkt stehen, prägen jetzt Aspekte des Modellierens die Aufgaben. Es geht darum, aus Daten über die Differentialgleichung und das zugehörige Richtungsfeld geeignete Modelle zu finden.

Aufgaben 14 bis 16

Die Datensätze sind hier so ausgewählt, dass jeweils eines der hier im Mittelpunkt stehenden Modelle auch geeignet ist. Offenere Aufgaben bzgl. der Wahl des Modells findet man in SM 6.1-6.3. Wichtig ist, dass hier tatsächlich unterschiedliche Modelle von den Schülern erzeugt und bezüglich Passung und Prognose verglichen werden. Dann kann deutlich werden, dass bei annähernd gleich guter Passung sehr unterschiedliche Prognosen möglich sind, die aber auf demselben Datensatz und sogar Modelltyp fußen.

Während in Aufgabe 14 und Aufgabe 16 tatsächlich nur die Passung zu den Daten als Gütekriterium benutzt werden kann, ermöglicht Aufgabe 15 mehr: Wenn man erfasst, dass die installierte Leistung die Änderung der kumulierten ist oder umgekehrt die kumulierte Leistung der aus der Änderung (jährlicher Zubau) rekonstruierte Bestand ist, dann wird klar: Gesucht ist eine Funktion, bei der die Ableitung von ähnlichem Aussehen wie die Ausgangsfunktion ist. Dies ist aber gerade das Kennzeichen von Exponentialfunktionen (vgl. Wissensspeicher). Damit wird den Schülern deutlich, dass eine quadratische Funktion für die kumulierte Leistung ausgeschlossen ist (Balken liegen ja nicht auf einer Geraden).

Methodischer Hinweis: Aus den oben genannten Gründen sollte Aufgabe 15 im Unterrichtsgespräch intensiver behandelt werden. Die Schüler können zunächst unabhängig voneinander passende Funktionen zu beiden Datensätzen suchen (die Daten der installierten Leistung werden aus der Grafik abgelesen), ehe dann die Zusammenhänge diskutiert werden. A14 und A16 können durchaus als Hausaufgabe benutzt werden. Schüler haben ja mit dem TC vielfältige Überprüfungsmöglichkeiten. Bei der Besprechung der Ergebnisse im Unterricht können Prinzipien und Phänomene des Modellierens (Passung/Modelltyp/Prognose) thematisiert werden.

Aufgabe 17

Die Daten zur Weltbevölkerung in den Teilaufgaben a) und b) (gA) eignen sich hervorragend zur Motivation einer Modifikation bekannter Modelle. Nachdem Schüler zunächst feststellen, dass exponentielles Wachstum schlecht passt (Regression, Verdopplungszeiträume), ist ein hinreichendes Motiv für die Suche nach einem neuen Modell gegeben. Die Visualisierung der Daten und die Abnahme der Verdopplungszeiten zeigen deutlich, dass eine Funktion gesucht ist, die noch stärker wächst als Exponentialfunktionen. Kann es nach SM 2.5 Aufgabe 14 so etwas überhaupt geben? Hier hilft ein Blick auf die DGL: Die Änderung muss mehr als ein Vielfaches des Bestandes sein. Wenn die Änderung ein Vielfaches des Quadrates des Bestandes ist, müsste das passen, denn Quadrate wachsen ja schneller als die Basen. Man kommt zu $f'(x) = k \cdot (f(x))^2$.

Für gA-Kurse wird als Angebot die DGL vorgegeben, für eA-Kurse ist eine Erarbeitung durchaus sinnvoll (zunächst nur bis b) 1. Absatz austeilen).

Hier können nun Richtungsfelder ihre Kraft als Werkzeug zum Finden von Lösungen entfalten, weil aus der DGL keine Lösungsfunktion erschließbar ist. Schüler erarbeiten damit nicht nur selbständig, dass das Modell passt, sondern können auch numerisch-graphisch passende Parameterwerte finden!

Vielleicht mehr für eA-Kurse sind die Vorgabe der Lösungsfunktion in (B), deren Nachweis und die Parameterfindung. Dann die Einsicht: Funktionen, die stärker als Exponentialfunktionen wachsen, müssen in endlicher Zeit über alle Grenzen wachsen!

Lösungshinweise:

Die Zeit ist in 100 Jahren eingegeben.

Die hier verwendete DGL ist $y' = 0{,}38 \cdot y$, Anfangspunkt (7|0,2)

Es gibt eine Polstelle bei $x = \frac{1}{A \cdot k}$ (vgl. Tabelle)

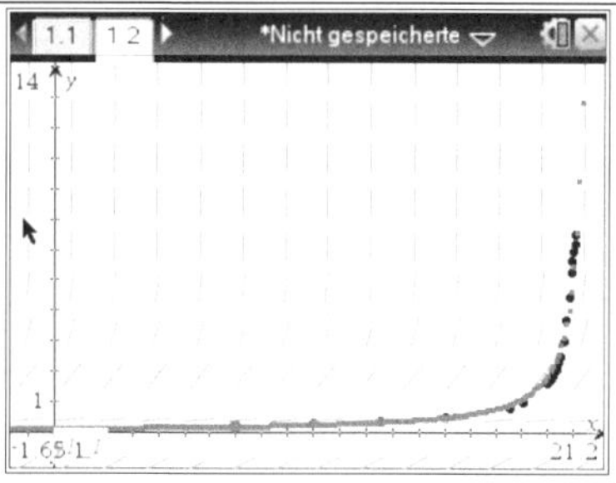

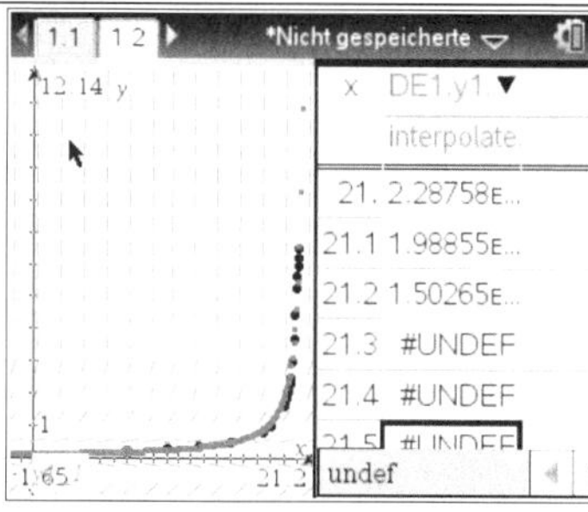

(3) Bei Auswahl von 2 Punkten in (B) kann der TC auch ein nichtlineares Gleichungssystem lösen.

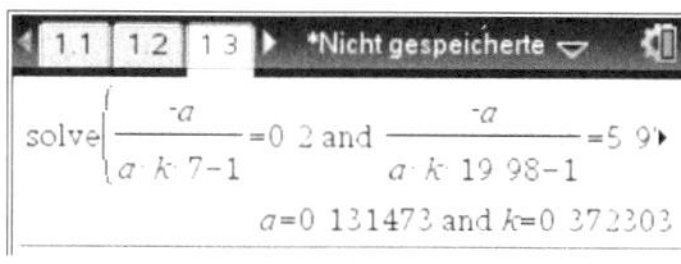

Aufgabe 18 (eA)

Funktionenscharen: Klassifikation in Abhängigkeit von A und k.

Thema 4: Begrenztes Wachstum	Dauer: 4-6 Stunden

Besondere Materialien/Technologie:

LM: (Folienvorlagen) 4.1 und 4.2

SM: 4.1 bis 4.4

Ein entscheidender Nachteil bei der bisherigen Modellierung von Wachstum liegt darin, dass immer Wachstum ins Unendliche stattfindet, was auf Dauer aber nicht realistisch ist. Das Modell des begrenzten Wachstums hebt diesen Nachteil auf, es entspricht dadurch eher einer realen Situation. Lag beim exponentiellen Wachstum eine Proportionalität zwischen der Wachstumsrate und dem Bestand vor, liegt hier eine Proportionalität zwischen der Wachstumsrate und der Differenz aus der Grenze und dem aktuellen Bestand vor. Wie bereits beim exponentiellen Wachstum sollen auch hier zunächst das zugehörige Richtungsfeld ausgewertet und damit Näherungslösungen ermittelt werden. Die zur DGL gehörende Funktion wird dann angegeben. Es wird nachgewiesen, dass die Funktion die DGL löst, und es wird geprüft, in welcher Weise die Funktionsstruktur mit ihren Parametern die Situation angemessen beschreibt.

Als Einstiegsbeispiele werden zwei Experimente aus unterschiedlichen Disziplinen angeboten, ein physikalisches Experiment (Wasserabkühlung) und ein Experiment aus der Psychologie (Assoziationen nach Bousfield). Da die Arbeit mit selbst erstellten Daten in besonderem Maße Authentizität sichert, sollte möglichst eines der beiden Experimente auch real durchgeführt werden. Falls dies aber zeitlich nicht möglich ist, sind in beiden Fällen Datensätze vorgegeben (beide Datensätze entstammen realen Experimenten).

Aufgabe 1: Die vorgegebenen (oder selbst erstellten) Messwerte werden zunächst graphisch dargestellt und die Schüler wählen aus den ihnen bekannten Funktionstypen geeignete Repräsentanten aus (Regressionen). Danach sollen Vermutungen über den Zusammenhang zwischen Abkühlung, Raumtemperatur und Kaffeetemperatur geäußert werden. Die grundlegende Idee für die Formulierung der Differentialgleichung ergibt sich aus der Erkenntnis, dass am Anfang die Abkühlung schneller als am Ende erfolgt und die Differenz der aktuellen Temperatur zur Raumtemperatur proportional zur Änderungsrate ist: $f'(x) = k \cdot (G - f(x))$.

Mit einer aufgrund der Messdaten sinnvoll gewählten Wachstumskonstanten k, ggf. mit Anfangsbedingung, lässt sich aus der DGL im CAS ein Richtungsfeld erzeugen. Die vorgegebenen Daten werden zusammen mit dem Richtungsfeld graphisch dargestellt. Es werden unterschiedliche k-Werte so lange probiert, bis eine Übereinstimmung zwischen Daten und Richtungsfeld erreicht wird.

In c) wird die allgemeine Lösungsfunktion $f(x) = (A - G) \cdot e^{-k \cdot x} + G$ der DGL vorgegeben und durch Einsetzen in die DGL verifiziert. Die Bedeutung und die Werte der einzelnen Parameter ermitteln die Schüler aus den Angaben der Aufgabe. Die Wachstumskonstante k kann aus Aufgabenteil a) übernommen oder mit

Hilfe der vorgegebenen Werte berechnet werden.

Hinweis: Die Modellierung mit dem Funktionstyp $f(x) = \frac{a}{x-b} + 20$ wird in SM 6.2 A6 behandelt.

Aufgabe 2: Das Experiment kann gut als vorbereitende Hausaufgabe durchgeführt werden. Dabei ist darauf zu achten, dass die Fragestellung erst unmittelbar zu Beginn des Experiments den Schülern bekannt ist, weil sonst schon vorweg Tierarten gesammelt werden können. Deswegen sollte den Partnergruppen jeweils ein geschlossener Umschlag mit den Materialen (LM 3) übergeben werden.

Teilaufgabe c) sollte im Plenum behandelt werden. Schüler nennen hier Zusammenhänge zwischen der Zeit und der Nennung von Tierarten und beschreiben, was bei Ihnen ‚so vorging'. Dies sollte an der Tafel dokumentiert werden, weil daraus dann die DGL entwickelt werden soll.

Es werden hier real existierende Beispiele für Schülerbemerkungen angegeben, die gegebenenfalls von der Lehrkraft mit eingebracht werden können.

Je weniger ich noch kenne, desto schwieriger ist es, dass mir eine neue Art einfällt.	*Je weniger Arten noch übrig sind, desto geringer ist die Anzahl zusätzlich genannter Arten.*	*Nach einer gewissen Zeit kam man immer wieder auf schon genannte Tiere.*

Die zugehörige DGL lautet: $f'(t) = k \cdot (G - f(t))$, die Lösungsfunktion ist: $f(t) = G \cdot (1 - e^{-k \cdot t})$

Der Zusammenhang mit der Lösungsfunktion aus Aufgabe 1 wird klar, wenn man berücksichtigt, dass hier der Anfangswert 0 ist, so dass sich $f(x) = (0 - G) \cdot e^{-k \cdot x} + G = -G \cdot e^{-kx} + G = G \cdot (1 - e^{-kx})$ ergibt. Sollte Aufgabe 1 nicht behandelt sein, muss hier die Funktion vorgegeben werden.

Hinweise:

(1) Das Experiment geht auf den Psychologen Bousfield zurück, der es im Rahmen von Assoziationsforschungen in den 50er Jahren des letzten Jahrhunderts entwickelt hat und als Modell die hier thematisierten Exponentialfunktionen benutzt. Für weitere Informationen siehe: www.sgipt.org/wisms/av/hofst1.htm.

(2) Natürlich erfolgen immer nur ganzzahlige Nennungen! Eigentlich müsste man hier diskret modellieren. Aber auch das kontinuierliche Modell kann hier benutzt werden (vgl. Anm. (1)).

(3) Durch die Betrachtung von zwei unterschiedlichen Graphen, bei denen sich der Graph einmal von oben und einmal von unten an den Grenzwert annähert, z. B. ein Abkühlungsvorgang und das Bousfield-Experiment, wird erkennbar, dass der gleiche Modellierungsansatz (DGL) für zwei unterschiedliche Vorgänge genutzt werden kann.

(4) Wenn man zum Bousfield-Experiment mehrere Datensätze erzeugt hat, wird man auf einer anderen Ebene die Verschiedenheit der Sachzusammenhänge erfahren. Die Daten beim Bousfield-Experiment streuen viel stärker als bei der Wasserabkühlung. Klar, das Newtonsche Abkühlungsgesetz unterliegt deterministischeren Rahmenbedingungen als die menschliche Psyche! Die Abbildung zeigt Datensätze einer Lerngruppe.

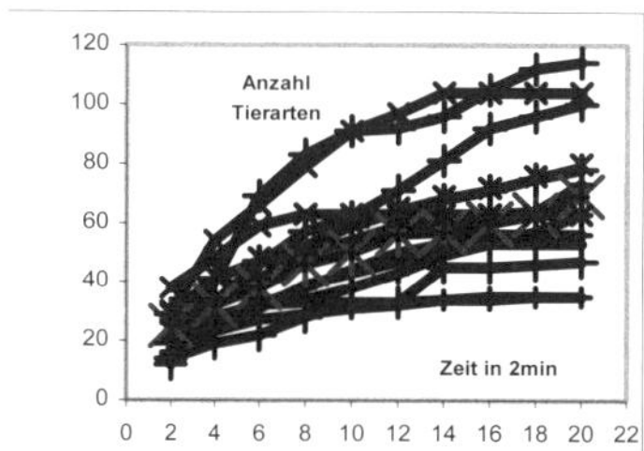

Die Übungsphase folgt derselben Struktur wie die Gestaltung beim exponentiellen Wachstum. Es wird zunächst ein Angebot zum Üben des innermathematischen Zusammenhangs von Funktion, DGL und ihren Parametern geübt (Nr. 3 bis Nr. 5), ehe dann wieder Sachzusammenhänge und Auswertung von Datensätzen im Mittelpunkt stehen (Nr. 6 bis Nr. 8).

Aufgabe 6: Übungen mit gegebener Wachstumskonstante (vgl. SM 3.4 Nr. 7 und Nr. 8).

Aufgabe 7: Übungen mit vorgegebenem Prozentsatz.

Aufgabe 8: Übung mit vorgegebenem Datensatz.

Aufgabe 9: Aufgabe mit Scharen für eA-Kurse: Es wird eine Klassifikation nach den einzelnen Parametern vorgenommen. Wichtig ist, dass zunächst die Realsituation Ausgangspunkt ist, hier kann variiert werden.

(1)

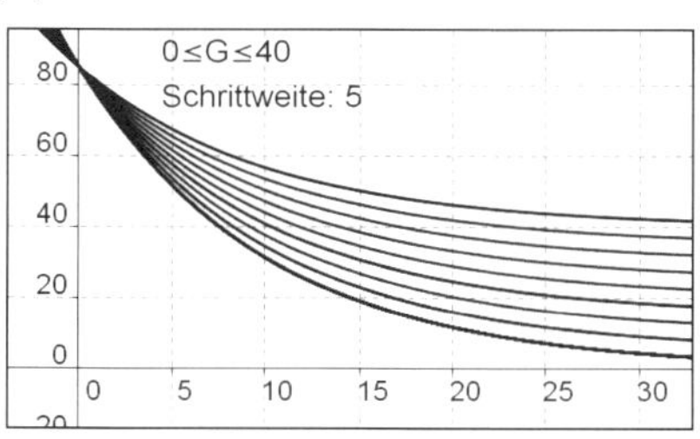

(2)

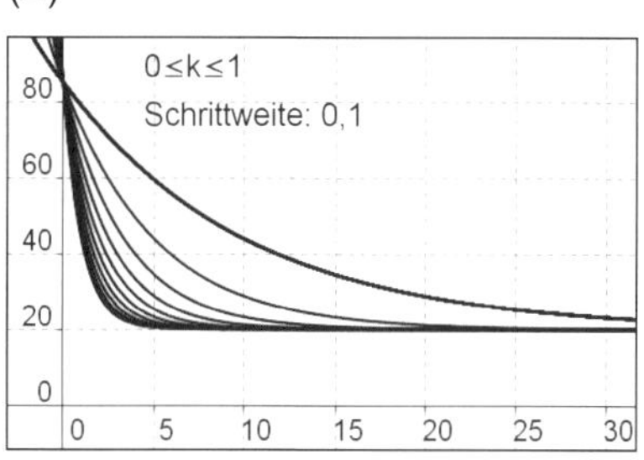

(3)

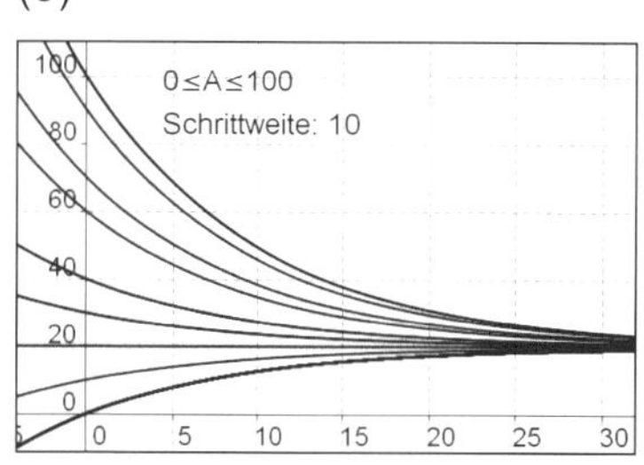

Thema 5: Logistisches Wachstum	**Dauer: 6-8 Stunden**

Besondere Materialien/Technologie:

LM: ---

SM: 5.1 bis 5.2

Das begrenzte Wachstum berücksichtigt zwar eine Grenze, hat aber die größte Wachstumsgeschwindigkeit zu Beginn der Messung (Graph durchweg links- bzw. rechtsgekrümmt). Häufig verlaufen Wachstumsprozesse aber so, dass zu Beginn die Wachstumsgeschwindigkeit zunimmt und erst ab einem gewissen Zeitpunkt abnimmt. Der graphische Verlauf ist dann s-förmig von links- nach rechtsgekrümmt. Hier erleben Schüler dann in vollem Maße den Mehrwert der Modellierung über eine DGL und deren Auswertung mit Richtungsfeldern. Während die Funktion für exponentielles Wachstum eigentlich schon bekannt war und auch der Kurvenverlauf beim begrenzten Wachstum über Verschieben, Spiegeln und Strecken von $f(x) = e^x$ erschließbar ist, kennen Schüler zumeist keine Funktion, deren Graph den antizipierten s-förmigen Verlauf hat, sie sind also auf Vorgaben angewiesen. Da die DGL aber für Schüler erschließbar ist, können sie hier mit Hilfe der Richtungsfelder graphisch-numerische Lösungen selbst erzeugen und überprüfen!

Die Herleitung des logistischen Wachstums kann mithilfe von A1 (DGL→Funktion) und/oder A2 (Funktion→DGL) erfolgen.

Aufgabe 1: Die Ausbreitung eines Gerüchts eignet sich besonders gut zur Herleitung der charakteristischen DGL, weil hier in einer lebensweltlichen Situation der ‚Wachstumsprozess' antizipiert und beschrieben werden kann: Anfänglich kennen wenige Schüler das Gerücht, es breitet sich zunächst zunehmend schneller aus, weil jeder, der es neu erfahren hat, es ja auch wieder weitersagt. Irgendwann trifft man aber zunehmend auf Menschen, die das Gerücht schon kennen, so dass nun die Verbreitungsgeschwindigkeit wieder abnimmt. Insgesamt wird so die Kombination aus exponentiellem und begrenztem Wachstum einsichtig.

zu c): Dass die Kombination aus exponentiellem und begrenztem Wachstum in der DGL zu einer doppelten Proportionalität („zum Bestand" und „zum Restbestand") führt, ist keineswegs unmittelbar erschließbar, wird allerdings manchmal – mehr intuitiv – von Schülern vorgeschlagen. Hier sollen die Schüler geeignete DGLn herausfinden und ungeeignete begründet verneinen. Es empfiehlt sich, zunächst ohne TC eine gedankliche Untersuchung und Antizipation zu wagen. Lösungshinweise:

A: falsch (begrenztes Wachstum);

B: falsch: (1) Zusammenfassen des Terms führt zu $f'(x) = 0{,}00025 \cdot 800 = 0{,}2$, also linearem Wachstum.

(2) Wenn alle das Gerücht kennen, also $f(x) = 800$, dann gilt: $f'(x) = 0{,}00025 \cdot 800 = 0{,}2$, das Wachstum ist weiterhin linear, der Bestand nimmt weiterhin zu.

C: Passend: (1) Wenn $f(x) = 800$, dann ist $f'(x) = 0$, also keine Ausbreitung mehr, wenn es alle kennen.

(2) Wenn es noch sehr wenige kennen, ist $g = 800 - f(x)$ eine große Zahl und damit die Wachstums'konstante' $0{,}00025 \cdot g$ noch groß.

D: Passend: (1) Algebraische Äquivalenz mit C (wenn man z.B. bei C ausmultipliziert).

(2) Das exponentielle Wachstum wird durch $0{,}00025 \cdot (f(x))^2$ gebremst. Dieses Bremsen ist umso stärker, je größer *f(x)* ist.

Natürlich können Schüler hier mit den Richtungsfeldern zügig und in einfacher Weise die falschen DGLn finden. Wieder wird die Produktivität von Richtungsfeldern erlebbar, wenn die letzte Frage in c) beantwortet werden kann, ohne explizit die Lösungsfunktion zu kennen. „Alle Schüler" zwingt wieder zur Berücksichtigung von Modellierungsaspekten: Innermathematisch werden es nie genau alle sein, aber...

zu d): $f(0) = 2$; $f(8) \approx 9{,}809$. Zum TC Einsatz vgl. TC-Hilfen.

Aufgabe 2: Hier wird der historisch erste Datensatz bearbeitet, an dem das logistische Wachstum entwickelt wurde. Die Aufgabe bietet einen **alternativen Einstieg**, bei dem in mehr klassischer Art und Weise der Funktionsterm vorgegeben ist, so wie er auch im Wissensspeicher auftritt. Eine sinnvolle Möglichkeit der Parameteranpassung stellt hier natürlich die Arbeit mit einem dynamischen Funktionenplotter dar. Legt man z.B. $G = 255$ und $A = 8$ fest, so kann man schon mit dem TC experimentell mit $y1 = \frac{2040}{8 + 247 \cdot e^{-255kx}}$ arbeiten und eine hinreichende Passung mit den Messdaten erzeugen (Achtung: k ist sehr klein!).

Alternativ kann algebraisch mit dem CAS gearbeitet werden. Sehr sinnvoll ist es, die Schüler Grenzen und benutzte Messwerte selbst festlegen zu lassen, um beim Vergleich im Plenum dann wieder einerseits die Unterschiedlichkeit adäquater Lösungen, andererseits aber auch ihre Ähnlichkeit erfahren zu lassen.

zu d): Ein allgemeiner Nachweis gelingt schnell mit dem CAS, ist ‚zu Fuß' wohl unzumutbar. Für Verständnissicherung sollten mindestens die notwendig zu verwendenden Ableitungsregeln genannt werden (Termstruktur muss erkannt werden). → Wissenspeicher

Lösungshinweise:

(1) Wenn nur A1 behandelt wird, sollte $f(x) = \frac{800}{1 + 399 \cdot e^{-0,2x}} = \frac{1600}{2 + 798 \cdot e^{-0,00025 \cdot 800x}} = \frac{A \cdot G}{A + (G - A) \cdot e^{-kGx}}$ entwickelt werden, um den Anschluss an den Wissensspeicher herzustellen.

(2) Wenn nur eine Aufgabe behandelt werden soll, ist für gA-Kurse vielleicht A2 angemessener, weil hier weniger auf DGL-Verständnis Bezug genommen wird. Bei Zeitknappheit kann in gA-Kursen in A2 b) dann sogar eine konkrete Lösungsfunktion vorgegeben (z.B. $f(x) = \frac{2040}{8 + 247 \cdot e^{-0,102x}}$) und das Erfüllen der zugehörigen DGL gefordert werden ($f'(x) = 0,0004 \cdot f(x) \cdot (255 - f(x))$.

Aufgaben 3 bis 5: Analog zur Vorgehensweise bei den bisher behandelten Wachstumsmodellen wird wieder der verständige Umgang mit der DGL, der Lösungsfunktion und den Parametern geübt.

Aufgabe 6: Komplexere Termumformungen (Zusatz, eher eA)

(1) A2 b) ⇔ c): Formt TC direkt um. (2) c) ⇔ d) : Differenzbildung [c)-d)=0].

(3) A2 b) ⇔ b): Ausklammern von A und Kürzen. (4) a) ⇔ b) : $c = G$; $a = \frac{G}{A} - 1$; $b = k \cdot G$

Aufgabe 7 (Angebot)**:** In a) Arbeit mit Richtungsfeldern. In b) wird die Suche von Wendepunkten motiviert und vorbereitet. In c) kann direkt die Passung von P(t) zur DGL gezeigt werden, alternativ kann innerhalb der DGL durch Ausklammern die kanonische DGL aus dem Wissensspeicher erzeugt werden (vgl. auch SM 6.2, A7).

Aufgabe 8: Die Schüler entdecken, dass zu allen drei Spiegelpunkten derselbe Zeitpunkt gehört. Während dies für den zweiten und dritten Spiegelpunkt aus bisherigem Unterricht klar ist, liefert der erste Spiegelpunkt eine neue Erkenntnis. Mit CAS ist die Vermutung auch schnell im allgemeinen Fall verifizierbar.

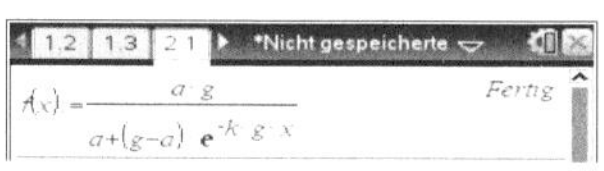

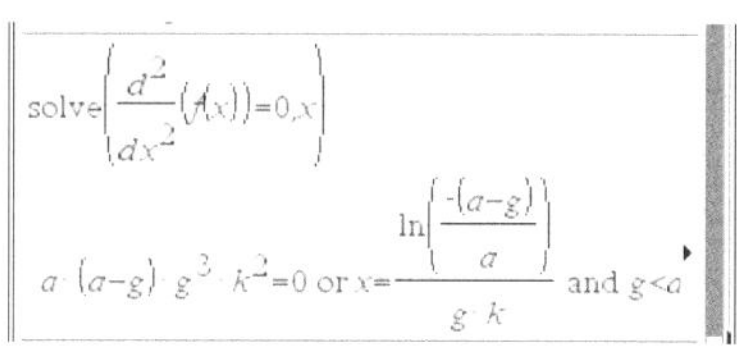

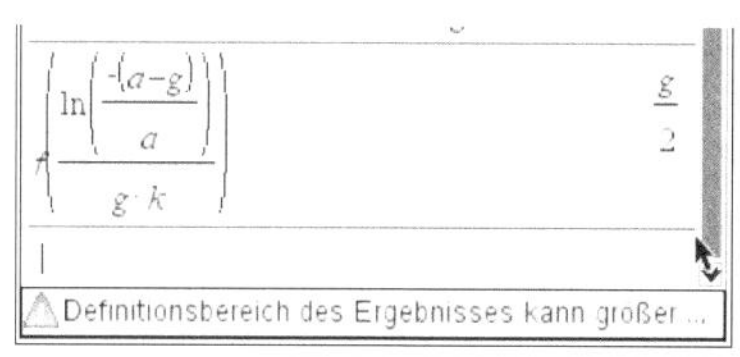

Der für das logistische Wachstum charakteristische Sachverhalt, dass beim halben Grenzbestand die maximale Wachstumsgeschwindigkeit vorliegt, sollte festgehalten werden.

Eine wichtige Eigenschaft des Logistischen Wachstums

Die Wachstumsgeschwindigkeit einer Population ist zu dem Zeitpunkt maximal, an dem die Population den halben Grenzbestand (Kapazitätsgrenze) erreicht hat.

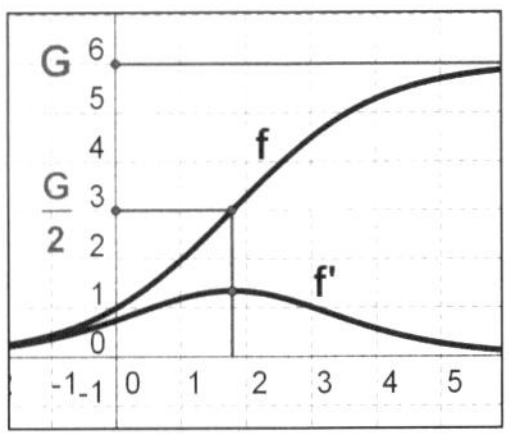

Der Zeitpunkt ist $x = \dfrac{\ln\left(\dfrac{G}{A} - 1\right)}{k \cdot G}$

In den Aufgaben 9 bis 11 wird zu gegebenen Datensätzen ein geeigneten Modell gesucht. Dabei werden unterschiedliche Aspekte des Modellierens genutzt. Die Menge und Lage der Daten bezüglich des gesamten Wachstumsprozesses bestimmt die Variabilität der möglichen Modelle. Reale, neue Entwicklungen können zu starken Relativierungen führen.

Aufgabe 9: Die zwei Situationen (I) und (II) haben unterschiedlichen Komplexitätsgrad.

(I): Es sind alle Parameterwerte gegeben, so dass nur eingesetzt werden muss.

(II): Mit (5|0,28) muss k bestimmt werden.

Aufgabe 10: Mit dem Anfangswert aus der Tabelle und einem aus den Messwerten vermuteten Grenzbestand kann k algebraisch (mit dem TC) ermittelt werden. Bei C ist der Wachstumsprozess noch nicht so weit gediehen, so dass hier verschiedene Grenzen möglich erscheinen. Dieses Phänomen wird hier angebahnt und in A12 thematisiert.

Aufgabe 11: Es erfolgt eine Wiederaufnahme und Aktualisierung der Daten aus SM 3.6 Nr. 15. Im Zeitraffer erleben Schüler, wie im Verlaufe der Zeit neue Daten zur Modifikation eines Modells führen. Auch hier zeigt die installierte Windenergie (Balkendiagramm) als Ableitung der kumulierten Leistung den gleichen glockenförmigen Verlauf wie die Ableitung des logistischen Wachstums. Hiermit ist ein starkes Argument für dieses Wachstumsmodell gegeben. Mit dem in Nr. 8 erarbeiteten Charakteristikum kann der Wendepunkt im Jahr 2002 (maximaler Zubau) festgelegt werden.

Mögliche Lösung: (1992: x=0)

Damit wäre (10 | 12000) ein sinnvoller Wendepunkt, allerdings ist dann G=24000, was nicht zu dem Messwert (17 | 25777) passt. Wählt man stattdessen (10 | 13000) als Wendepunkt, erhält man G=26000. Mit A=200 erhält man:

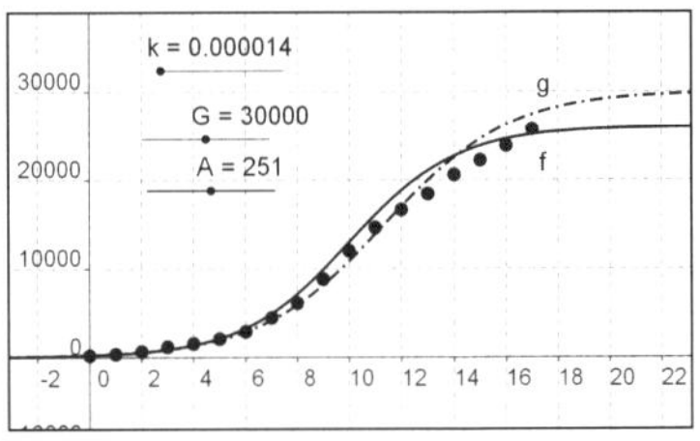

$$10 = \frac{\ln\left(\frac{26000}{200} - 1\right)}{26000k} \Rightarrow k = \frac{\ln(129)}{10 \cdot 26000} \approx 0{,}00001869 \text{ , also: } f(x) = \frac{5200000}{200 + 25800e^{-0.486x}}$$

Auch für G=30000 findet man eine noch gut passende Funktion, z.B. mit dynamischem Funktionsplotter (g(x) in Grafik). Der Bestand wird sich in den nächsten Jahren zwischen 26000 und 30000 stabilisieren.

Aufgabe 12: Der Datensatz legt eine Grenze nicht klar fest, weil der Wendepunkt (noch) nicht deutlich geworden ist. Der Wachstumsprozess befindet sich wohl noch (knapp) vor dem Wendepunkt oder dieser liegt etwa in 1930-1940. Nimmt man $G = 200$ an, dann erhält man mit $A = 4$ und z.B. dem Messwert (120 | 92):

$k \approx 0{,}000155$ und damit $f_1(x) = \dfrac{800}{4 + 196 \cdot e^{-0{,}031x}}$. Wenn man nun mit f_1 die Bevölkerungsanzahl für 2010 prognostiziert, erhält man: $f_1(220) \approx 189{,}8$! Dieser Wert passt überhaupt nicht zu den realen 308 Millionen! Dies motiviert, ein anderes logistisches Modell zu suchen, das den neuen Messwert berücksichtigt:

Mit $G = 380$ und $A = 5$ erhält man: $f_2(x) = \dfrac{1900}{5 + 375e^{-0{,}02584x}}$

Mit $f_2(150) \approx 149$ passt das Modell allerdings nicht besonders gut zum Jahr 1940.

Mit $G = 500$ und $A = 5$ erhält man: $f_3(x) = \dfrac{2500}{5 + 495e^{-0{,}023x}}$

f_3 passt zwar zu Anfang des 20.Jahrhunderts nicht so gut, dafür aber besser zu den aktuell verfügbaren Daten.

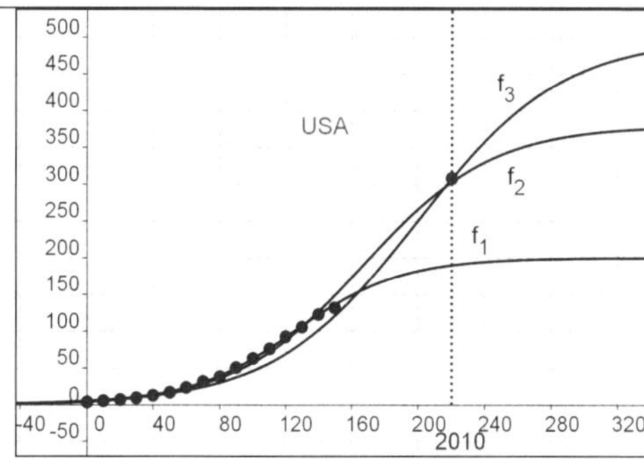

Insgesamt ergeben sich hohe Schwankungen bei den Prognosen zu den einzelnen Modellen. Es bleibt natürlich noch der sinnvolle Weg, das logistische Wachstum gänzlich zu verwerfen. Gründe hierfür könnten im starken Wachstum der Bevölkerungszahl nach dem Zweiten Weltkrieg liegen, einem Ereignis, das durch diese Art der mathematischen Modellierung überhaupt nicht erfasst werden kann.

Aufgabe 13(eA): Die tabellarische Darstellung gibt einen guten Überblick über die verschiedenen Parametervariationen bei logistischem Wachtum:

Variation von k:	Variation von G:	Variation von A:
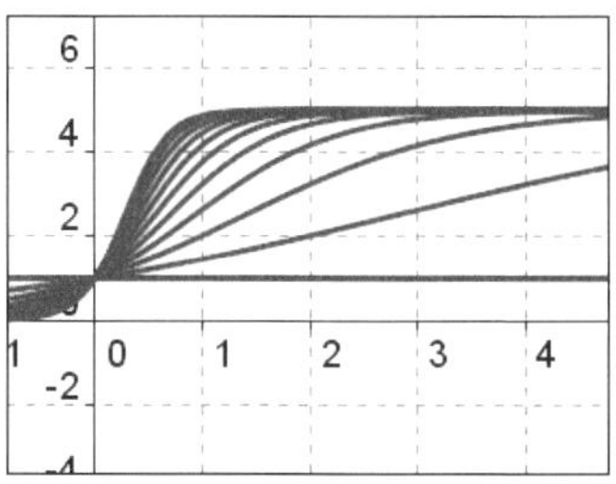	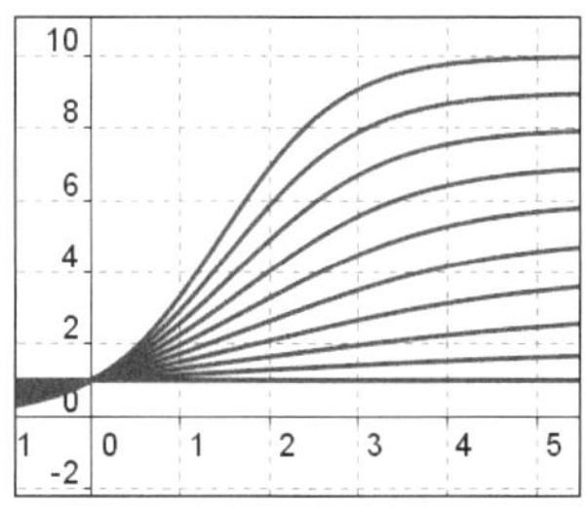	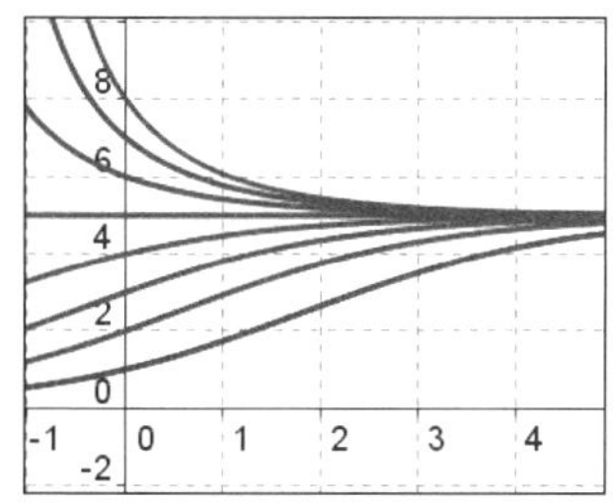

Während die Variationen von k und A zu erwarteten Ergebnissen führen, passiert bei der Variation von G etwas Seltsames:

Der Bestand scheint sich umso schneller der Grenze zu nähern, je weiter diese noch vom aktuellen Bestand entfernt ist, je mehr Lebensraum also noch zur Verfügung steht; der Zeitpunkt maximaler Zunahme ist umso früher, je mehr Platz noch ist. Dies zeigt die in der Abbildung skizzierte Ortskurve der Wendepunkte. Man erwartet aber das Umgekehrte: Je mehr Platz vorhanden ist, desto später der Zeitpunkt maximalen Wachstums und Erreichens der Grenze. Passt das Modell nicht zur Realität? Ein genauer Blick auf die Wachstumsfunktion klärt hier auf:

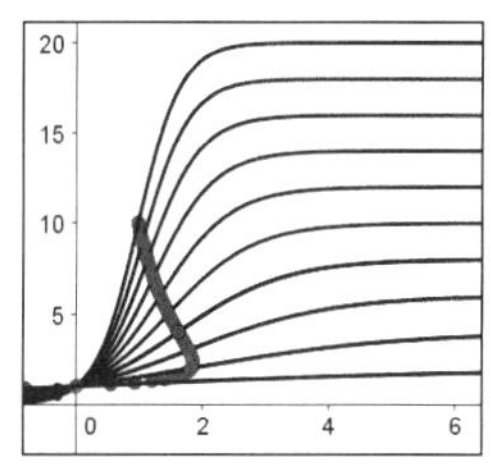

Die Wachstumskonstante ist $k \cdot G$ ($f(x) = \dfrac{A \cdot G}{A + (G - A)e^{-k \cdot G \cdot x}}$), die Grenze beeinflusst also die Wachstumsintensität! Um dies zu vermeiden muss das Modell leicht variiert werden zu

$f'(x) = k \cdot f(x) \cdot (1 - \dfrac{f(x)}{G})$ mit $f(x) = \dfrac{AG}{A + (G - A)e^{-kx}}$ als Lösung.

Thema 6: Vermischte Aufgaben	**Dauer: 6-8 Stunden**

Besondere Materialien/Technologie:

LM: (Lösungsvorlagen) 6.1 bis 6.3

SM: 6.1 bis 6.10

Es liegen umfangreiche Übungen zu den drei Wachstumsmodellen vor. Die Aufgaben Nr. 5 c), Nr. 6 und Nr. 7 sind eher für eA-Kurse gedacht. In den Aufgaben 1 bis 4 steht, neben dem übenden Umgang mit den Modellen, die Auswahl geeigneter Modelle im Mittelpunkt (Modellierungsaspekt), die Daten legen nicht immer ein eindeutiges Modell nahe.

Aufgabe 1: Der Text lässt sowohl begrenztes als auch logistisches Wachstum zu.

Aufgaben 3 und 4: Exemplarische Lösungen sind in LM 6.1 und LM 6.2 angegeben.

Aufgabe 7: Zuerst verschiedenartig anmutende Sachsituationen führen auf äquivalente DGLn:

(A) $f'(x) = k \cdot f(x) \cdot (G - f(x))$ (vgl. Wissensspeicher)

(B) $f'(x) = k \cdot f(x) - b \cdot (f(x))^2$: Exponentielles Wachstum wird durch Begegnungen der Art mit sich eingeschränkt (gebremst) (Futtermangel, gegenseitiges Töten,...)

(C) (vgl. SM 6.7, A1): $f'(x) = (g - s \cdot f(x)) \cdot f(x)$: Exponentielles Wachstum mit konstanter Geburtenrate g und zum Bestand proportionaler Sterberate $s \cdot f(x)$

Was auf der inhaltlichen Ebene zunächst sehr unterschiedlich erscheint, ist auf der abstrakteren, algebraischen Ebene (DGL) äquivalent. Hier können Schüler die produktive Kraft von Algebraisierungen erleben und erfahren.

Die ‚Themenblätter' SM 6.4 bis 6.10 zu verschiedenen Aspekten von Wachstum sind inhaltlich unabhängig voneinander. Diese eignen sich auch für Schülerreferate und -vorträge. Die Inhalte sind verständnisfördernde Weiterungen und Vernetzungen mit Bekanntem. In eA-Kursen sollten mindestens zwei Blätter bearbeitet werden.

SM 6.4: Vernetzung mit Integralrechnung

SM 6.5 und 6.6: Vernetzung mit Wachstumsprozessen aus Klasse 10

SM 6.7: Mächtigkeit von Richtungsfeldern

SM 6.8: Wie erzeugt der TC eine Lösungskurve? (Vernetzung mit Heronverfahren/Newtonverfahren)

Lösungshinweise zu den verschiedenen Themenblättern:

SM 6.5: Bekanntes mit neuem Blick

Es wird der Bezug zur Integralrechnung hergestellt (Vernetzung). Da dort ‚Rekonstruktion aus Änderung' als zentrale Grundvorstellung entwickelt wurde, liegt der Bezug nahe:

Integrieren ist Lösen der DGL $f'(x) = g(x)$ bzw. $F'(x) = f(x)$!

Richtungsfelder sind hier dann besonders produktiv, wenn Schüler entweder keine Stammfunktion kennen oder es sogar keine gibt. Mit den Richtungsfeldern haben Schüler also ein Verfahren zur näherungsweisen Bestimmung von Integralen kennengelernt. (vgl. Aufgabe 2)

Lösung zu Aufgabe 2 (1):

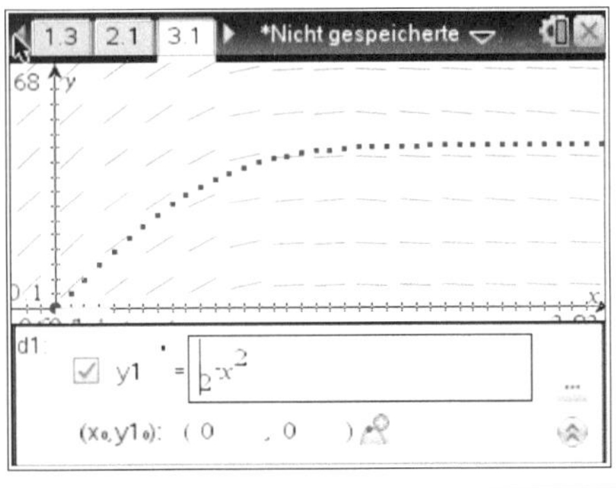

Lösung zu Aufgabe 2 (2):

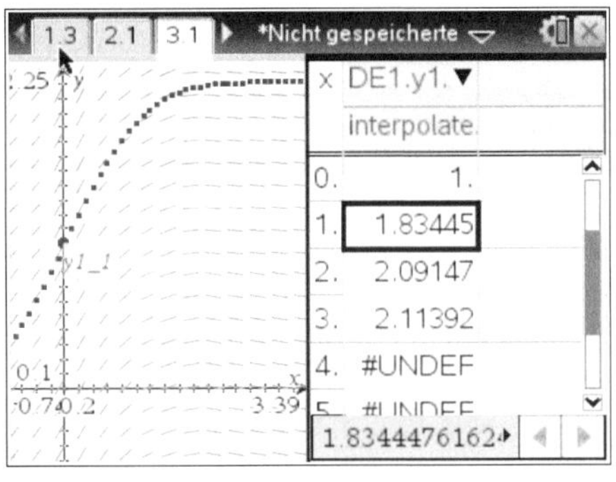

SM 6.6 und 6.7 Zufluss-Abfluss-Modell

Die DGL $f'(x) = k \cdot f(x) + b$ beschreibt in allgemeiner Weise ein Zufluss-Abflussmodell mit den zwei wichtigen Fällen:

(1) k>0; b<0: Exponentieller Zufluss, linearer Abfluss

(2) k<0; b>0: Exponentielle Abnahme, linearer Zufluss

Die DGL ist äquivalent zur DGL des beschränkten Wachstums $f'(x) = k \cdot (G - f(x)) = k \cdot G - k \cdot f(x)$ und beschreibt vielfältige reale Situationen. Wer in Klasse 10 im Zusammenhang mit den diskreten Wachstumsmodellen die „Gartenteichaufgabe" und folgende Aufgaben bearbeitet hat (Bd.8 Wachstumsprozesse, SM 2.1/2.2), wiederholt hier im Kontinuierlichen.

Aufgabe 1: Einführungsaufgabe: Riesennashörner stehen für (2); Zwergnilpferde für (1). Da in der Realsituation immer Prozentwerte auf Zeitintervalle bezogen angegeben werden, muss hier wieder umgerechnet werden, was zwar ‚krumme' Zahlen zur Folge hat, aber realistischer ist. Außerdem wird bei gerundeten Werten natürlich die DGL nie exakt erfüllt. Natürlich ist hier die kontinuierliche Modellierung wieder stark idealisiert (es gibt keine halben Nashörner...), aber es wird auch das Umgekehrte gemacht, dass nämlich ein kontinuierlicher Sachverhalt diskret beschrieben wird (vgl. Gartenteichaufgabe).

Während die Entwicklung der Nashörner analog zu den Abkühlungs- bzw. Erwärmungsprozessen verläuft, erleben Schüler bei den Nilpferden ein neuartiges Phänomen, nämlich die Sensitivität bzgl. der Parameter. Wird nur ein Nilpferd mehr verkauft, wechselt die langfristige Entwicklung von „Wachsen über alle Grenzen" zu „Aussterben", die ‚Grenze' ist hier „abstoßend" statt anziehend wie bei den Nashörnern.

Aufgaben 3 und 4: Diese Aufgaben üben den Umgang mit dem Modell, sie sind analog zu den Aufgaben aus Klasse 10 aufgebaut.

SM 6.8 Die produktive Kraft von Richtungsfeldern

Im bisherigen Verlauf dienten die Richtungsfelder mehr der Einsicht in die Struktur und den Inhalt von DGLn, weniger als produktives Element zum Lösen von Problemen, Ausnahmen sind die Modellierung der Weltbevölkerung (SM 3.7 A17) und die Erarbeitung des logistischen Wachstums. Hier sollen Schüler die produktive Kraft der DGLn kennenlernen und den Umgang mit Richtungsfeldern vertiefen.

Aufgabe 1: Ein Nachteil aller bisher behandelten Modelle ist, dass es immer nur Zunahme oder Abnahme gibt, mathematisch: monotone Funktionen. So wie Bakterien in einer Petrischale nach schnellem Wachstum aber aufgrund von Nahrungsmangel aussterben, so ebbt eine Grippewelle auch wieder ab, d.h. die Infizierten ‚sterben' aus. Schüler können hier zunächst einen qualitativen Verlauf der Bestandsentwicklung skizzieren, kennen aber keine Funktion, deren graphischer Verlauf so aussieht.

Das zunehmende Absterben von Bakterien ist ebenso wie das Ausklingen einer Grippewelle eher von der Zeit abhängig (Heilung, Nahrungsmangel), so dass die Sterberate sinnvoll als proportional zurzeit angesetzt wird. Die Entwicklung der DGL aus Kritik an Bekanntem ist in der Tabelle skizziert.

konstante Geburten- und Sterberate	$f'(x) = (g - s) \cdot f(x)$	Exponentielles Wachstum
Kritik 1: Je mehr da sind, desto mehr sterben. Die Sterberate hängt vom Bestand ab.		
konstante Geburtenrate, zum Bestand proportionale Sterberate	$f'(x) = (g - s \cdot f(x)) \cdot f(x)$	Logistisches Wachstum
Kritik 2: Je mehr da sind, desto mehr sterben. Die Sterberate hängt von der Zeit ab.		
konstante Geburtenrate, zur Zeit proportionale Sterberate	$f'(x) = (g - s \cdot x) \cdot f(x)$	Wachstum mit Selbstvergiftung

Es sollen Parametervariationen durchgeführt werden, die angegebenen Werte geben eine Orientierung über sinnvolle Größenbereiche.

Es wird hier bewusst auf die Angabe der Lösungsfunktionen verzichtet, damit Schüler die Produktivität der Richtungsfelder (noch einmal) erleben. Das Produkt der Modellierungstätigkeit ist das Beziehungsgefüge von Änderungen und Beständen, wie es schließlich in DGLn gegossen wird, diese können Schüler dann ohne weitere Kenntnisse auswerten. Wer hier weitermachen möchte, findet in SM 7.3 A6 die Fortsetzung, wo die zugehörigen Lösungsfunktionen untersucht werden. Beide Aufgaben sind geeignet für gA-Kurse, wenn man eine Beschränkung auf g=0,25 und s=0,03 vornimmt.

Aufgabe 2: Es werden zwei Fischfangmodelle verglichen, die auf logistischem Wachstum der Fischbestände basieren. Da (1) wieder logistisches Wachstum ist, wird hier der Umgang mit diesem bekannten Modell noch einmal geübt, aber dabei auch etwas vielleicht Neues erfahren: Logistische Kurven können auch kontinuierlich, immer linksgekrümmte (‚abnehmende Abnahme'), fallende Graphen sein.

Zu (2) sind Lösungsfunktionen für Schüler nicht zugänglich (Hinweis: allgemeine Lösung sehr komplex!), hier liefern Richtungsfelder Ergebnisse. Schüler erfahren hier wieder die Analogie zum Lösen von Gleichungen, wo sie auch auf graphische Lösungen angewiesen sind, wenn algebraische nicht zur Verfügung stehen oder sogar unmöglich sind (Bsp.: $x^3 - x - 1 = 0$; $e^x = x + 3$).

In LM6.3ist eine mögliche Lösung mit ausführlichem Modellvergleich angegeben.

Aufgabe 3: Das logistische Modell hat eine Schwäche: Selbst bei geringsten Anfangsbeständen wächst die Population trotzdem gegen die Grenze. Der Text bestätigt, dass Modelle die Realität nicht vollständig erfassen.

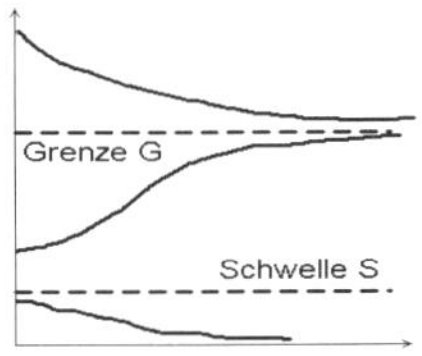

Der qualitative Verlauf der Bestände in Abhängigkeit der Anfangswerte ist im vorgegebenen Diagramm leicht möglich. Es wird sofort klar, dass Lösungsfunktionen nicht erschließbar sind (wer kennt schon eine Funktionenschar, die parameterabhängig solche Verläufe hat?). Eine selbständige Modellierung durch die Schüler setzt die Kenntnis von Phasendiagrammen voraus, deswegen werden hier zwei mögliche DGLn angegeben.

Schüler können aber erfassen, dass für $f(x) = 10$ und $f(x) = 3$ die Wachstumsrate 0 ist.

Wählt man also diese Werte als Anfangswerte, erhält man konstante Bestandsentwicklungen. Die angegebenen Anfangswerte liefern gerade die drei möglichen Entwicklungen. Der wesentliche Unterschied beider Modelle liegt in der Art des Aussterbens bei Startwerten unterhalb der Schwelle.

SM 6.9 Die amerikanische Wandertaube

Die Entstehung von Richtungsfeldern haben die Schüler in Kap.3 selbst erarbeitet. Das Finden der Lösungsfunktion wurde aber vom TC übernommen, ihre Genesis blieb bisher ‚black box'. Hier wird den Schülern das einfachste Verfahren (Euler-Cauchy-Verfahren) in einer kleinen Selbstlerneinheit vermittelt. Das Verfahren sollte anschaulich erläutert werden:

- Wo fangen wir an? Irgendwo, wir brauchen ja noch eine Zusatzinformation: den Startwert.
- Wie geht es weiter? Vom Startpunkt gehen wir in Richtung des dortigen Tangentenstücks weiter bis zum nächsten Tangentenstück. Von diesem Stück dann wieder in Richtung des gerade erreichten Stücks. Meistens wird dieses nächste Tangentenstück allerdings nicht zu der gleichen Lösungskurve gehören.
- Ist das exakt? Nein, wir konstruieren eine ‚Kurve' aus Geradenstücken (Polygonzüge). Je engmaschiger unser Richtungsfeld ist, also je kleiner die Differenz der einzelnen x-Werte ist, desto kurvenähnlicher wird die Lösungskurve.

Optional kann die Schwäche des Euler-Cauchy-Verfahrens mit LM 6.4 gezeigt werden oder den interessierten Schülern zur Lektüre und zum Nachvollzug gegeben werden.

Thema 7: Anwendungen von Exponentialfunktionen	**Dauer: 4-6 Stunden**
Besondere Materialien/Technologie: LM: --- SM: 7.1 bis 7.3	
In diesem Abschnitt werden e-Funktionen in außer- und innermathematischen Anwendungen untersucht. Ein Schwerpunkt liegt bei Verknüpfungen von e-Funktionen mit linearen Funktionen (vgl. KC). Es werden auch Inhalte aus den anderen Lernbereichen der Analysis wiederholt, so dass diese Übungen zusammenfassenden Charakter haben. Wenn man Scharen in gA-Kursen vermeiden will, muss man sich auf die Aufgaben Nr. 1 a)-c), Nr. 5, Nr. 6 a) beschränken. In Nr. 7 wird die multiplikative Verknüpfung von e-Funktionen mit linearen Funktionen vollständig klassifiziert. Mögliche Weiterungen dieser Untersuchungen sind dann: $f(x) = ax + b + e^{kx}$; $f(x) = \frac{e^{kx}}{ax+b}$; $f(x) = \frac{ax+b}{e^{kx}}$.	

8. Lehrermaterialien / Folienvorlagen

LM 3.1 Folienvorlage zu SM 3.1 und 3.2

x	y	$f_1'(x)$	$f_2'(x)$	$f_3'(x)$
-3	2			
-2	1	2		
-2	-2			
-1	4		-0,5	
0	3			
0	1			0,25
1	1			
1	0			
1	3			
2	2			
3	1			

(1) $f'(x) = 2$

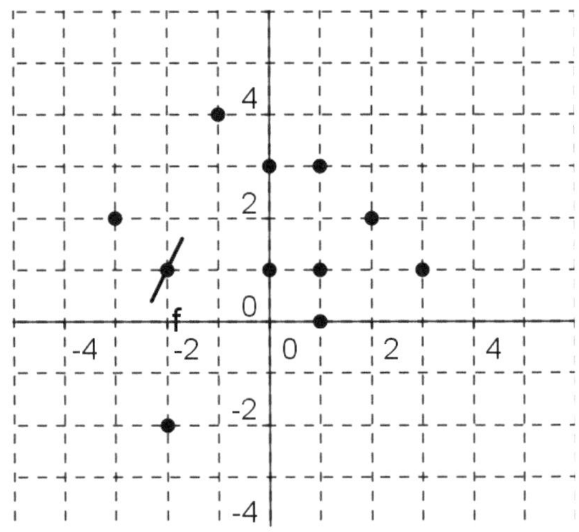

(2) $f'(x) = 0{,}5 \cdot x$

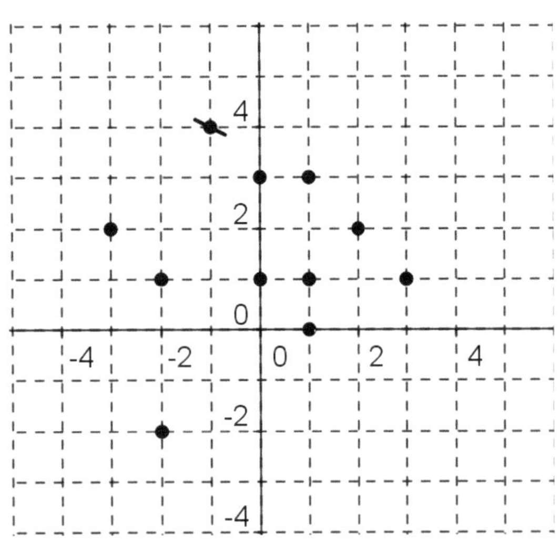

(3) $f'(x) = 0{,}25 \cdot f(x)$

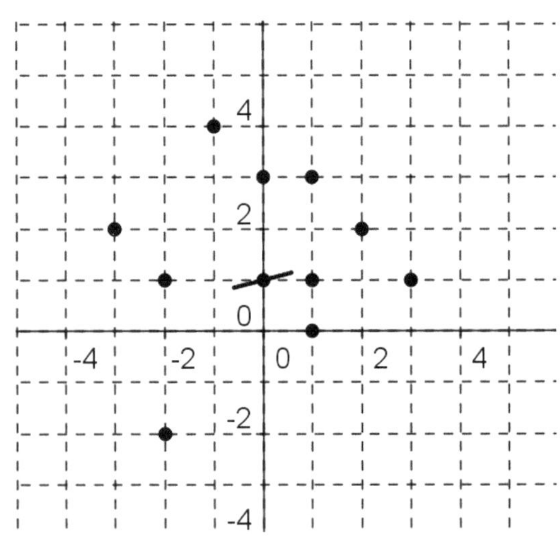

LM 3.2 Folienvorlage 2 (Lösung) zu SM 3.1 und 3.2

x	y	$f_1'(x)$	$f_2'(x)$	$f_3'(x)$
-3	2	2	-1,5	0,5
-2	1	2	-1	0,25
-2	-2	2	-1	-0,5
-1	4	2	-0,5	1
0	3	2	0	0,75
0	1	2	0	0,25
1	1	2	-0,5	0,25
1	0	2	-0,5	0
1	3	2	-0,5	0,75
2	2	2	1	0,5
3	1	2	1,5	0,25

(1) $f'(x) = 2$

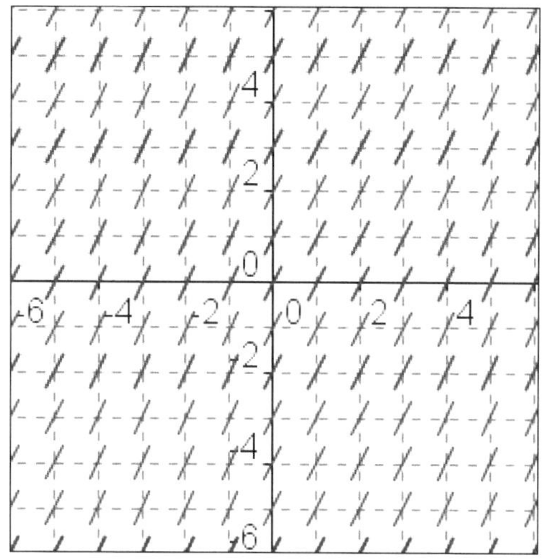

Lösungsfunktionen:

(2) $f'(x) = 0,5 \cdot x$

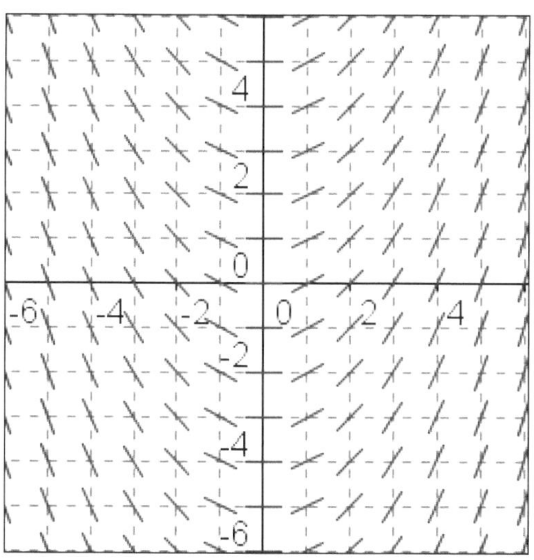

Lösungsfunktionen:

(3) $f'(x) = 0,25 \cdot f(x)$

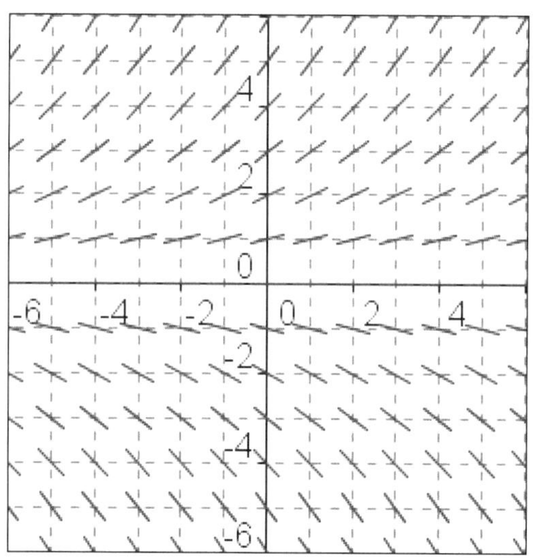

Lösungsfunktionen:

LM 4.1 Folienvorlage zu SM 4.1, Aufgabe 2 ‚Das Bousfield – Experiment‘

Forschungsfrage:

Wie viele Säugetierarten kennt eine Person, kann sie mit dem Begriff ‚Säugetier' verbinden? Wie schnell erfolgen die Nennungen? Gibt es einen Zusammenhang zwischen der Anzahl der Arten, die eine Person kennt und der Geschwindigkeit diese zu nennen?

Experiment:

Eine Person ist Testperson, die andere protokolliert. Auf Startzeichen nennt die Testperson Säugetierarten, der Protokollant notiert in Zeitintervallen von jeweils 2 Minuten die Anzahl der Nennungen per Strichliste. Es sollte mindestens 12 Minuten lang getestet werden.

In der rechten Spalte werden die Nennungen bis zum erreichten Zeitpunkt aufsummiert.

Information:„Tierarten“

Eine Art ist die kleinste Gruppe von Tieren, die sich untereinander, jedoch nicht mit Angehörigen anderer Arten fortpflanzen können. Es gibt ca. 4000 Säugetierarten.

Erstellen Sie eine Diagramm *Zeit → Anzahl der Tierarten*

Zeit in min	Anzahl der genannten Tierarten	
	Strichliste	Summe
2		
4		
6		
8		
10		
12		
14		
16		
18		
20		

LM 6.1 Mögliche Lösung zu SM 6.1 Aufgabe 3

Mobiltelefon: Modelltyp: Begrenztes Wachstum

Messwert	G=80	G=90	G=100
(3|73)	$f(x)=-50\cdot e^{-0,655x}+80$ $f(11)\approx 79,96$ Sättigung nach ca. 5 Jahren	$f(x)=-60\cdot e^{-0,42x}+90$ $f(11)\approx 89,41$ Sättigung nach ca. 5 Jahren	$f(x)=-70\cdot e^{-0,32x}+100$ $f(16)\approx 99,58$ Sättigung nach ca. 10 Jahren
(6|80)	Messwert ist schon Grenze, daher keine passende Gleichung möglich. $f(x)=-60\cdot e^{-0,30x}+90$ $f(16)\approx 89,506$	$f(x)=-70\cdot e^{-0,21x}+100$ Sättigung nach ca.10 Jahren	$f(21)\approx 99,15$ Sättigung nach ca. 15 Jahren

Fahrrad: Die Daten legen eine konstante Entwicklung mit ca. 80% nahe, also $f(x)=80$

PC: Nach den Daten passt das lineare Modell gut, letztendlich ist aber 100% die Grenze (Vollversorgung).

Modelle z.B. mit dynamischem Funktionenplotter:

Lineares Wachstum: $Li(x)=3,5x+8,5$; $Li(26)=99,5$

Begrenztes Wachstum: $Be(x)=-100\cdot e^{-0,07x}+100$; $Be(70)\approx 99,26$

Marktsättigung nach linearem Modell nach ca. 6 Jahren, nach begrenztem Modell nach ca. 50 Jahren.

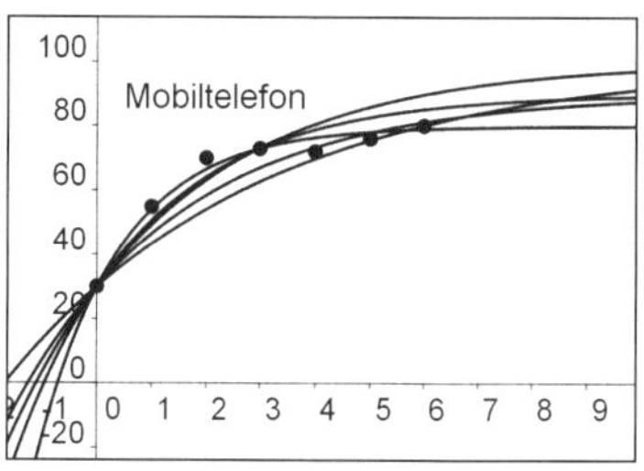

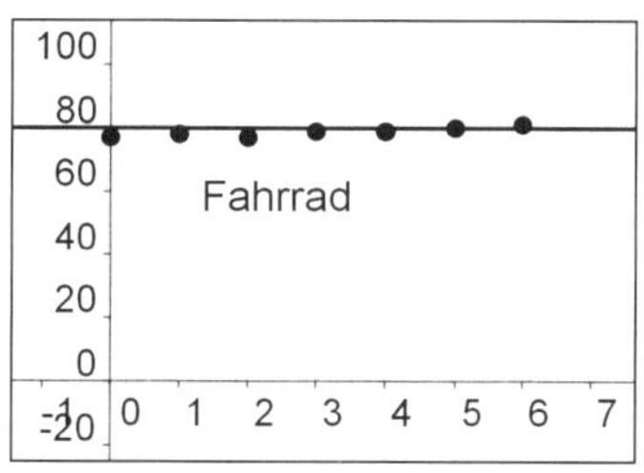

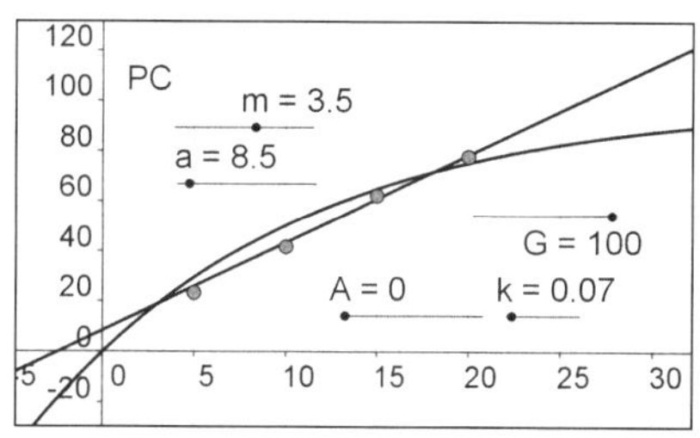

Geschirrspülmaschine: Situation wie beim PC:

Lineares Wachstum nach Daten: $f(x)=2x+30$; Sättigung (100%) in ca. 23 Jahren.

Begrenztes Wachstum:

Annahme: G=100: $f(x)=-83\cdot e^{-0,05x}+100$

Annahme: G=90: $f(x)=-60\cdot e^{-0,05x}+90$

Beide Modelle passen gut, eine Prognose der Grenze (Wie viele werden eine Geschirrspülmaschine haben?) ist aus dem Datensatz nicht ableitbar.

Mikrowelle: Situation wie bei den Geschirrspülern, allerdings passt das lineare Modell nicht zu den Daten, die Daten lassen aber unterschiedliche Grenzen zu.

$f_1(x)=-67\cdot e^{-0,12x}+80$

$f_2(x)=-84\cdot e^{-0,07x}+100$

$f_1(40)\approx 79,45$; $f_2(70)\approx 99,1$

f_1: Sättigung in ca. 20 Jahren

f_2: Sättigung in ca. 50 Jahren

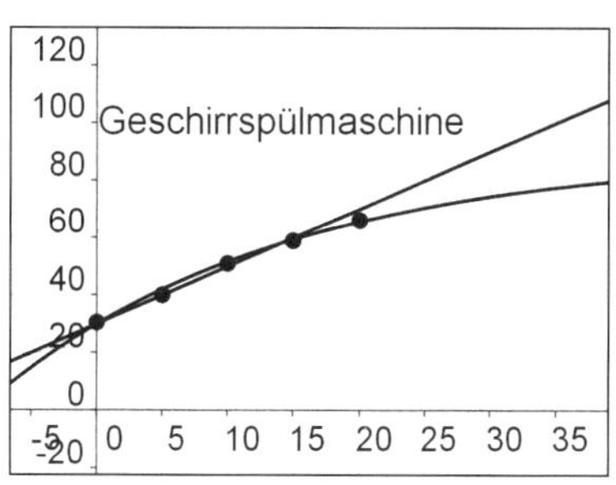

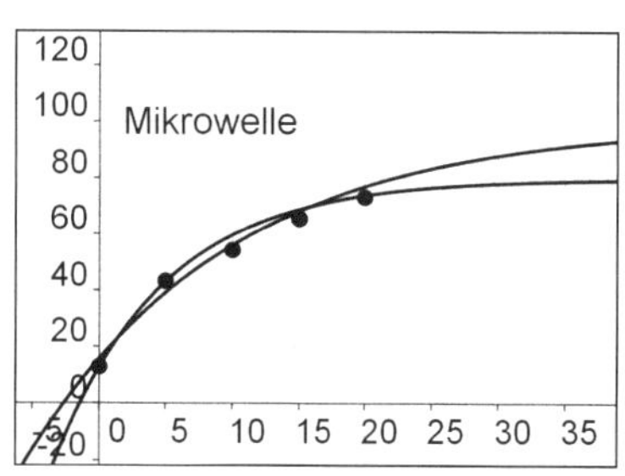

LM 6.2 Mögliche Lösung zu SM 6.2, Aufgabe 4

Apfelanbau in Hamburg und Niedersachsen

a) Während die Fläche nur wenig und fast konstant abnahm, ging die Anzahl der Betriebe stärker zurück. Dies bedeutet wohl, dass die durchschnittliche Betriebsgröße zugenommen hat, es also zu einer Konzentration gekommen ist.

b) Lineare Abnahme ist nach den Daten sinnvoll, passende Funktion: $f(x) = -67x + 10500$. In den nächsten 30 Jahren wird die Fläche nach diesem Modell auf ca. 6500 ha abnehmen, nach ca. 156 Jahren gäbe es keinen Apfelanbau mehr.

c)

(A) $f_1(x) = 2300e^{-0{,}06x} + 500$; $f_1(60) \approx 562$

(B) $f_2(x) = 2700e^{-0{,}04x}$; $f_2(60) \approx 244$

(C) $f_3(60) \approx -92$

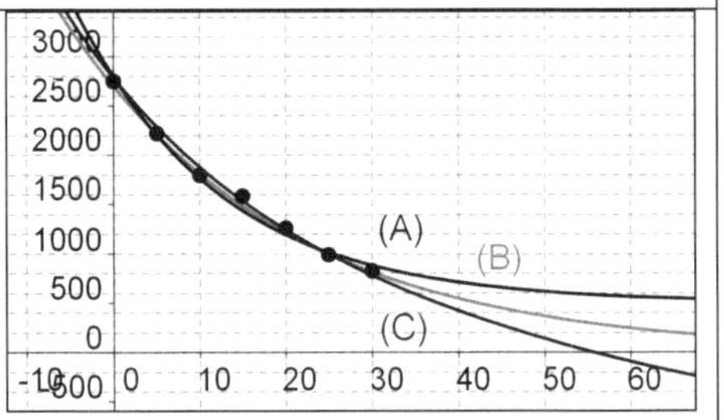

Alle drei Modelle passen gut zu den Messdaten.

(A) Begrenztes Wachstum mit langfristiger Stabilisierung bei 500 Betrieben, nach 30 Jahren noch ca. 562 Betriebe.

(B) Exponentielle Abnahme, langfristiges ‚Aussterben' der Betriebe, nach 30 Jahren noch ca. 244 Betriebe.

(C) Abnahme der Anzahl mit abnehmender Geschwindigkeit, nach ca. 55 Jahren (2032) gibt es keine Betriebe mehr.

Mathematische Modelle liefern die Möglichkeit, Prognosen zu errechnen. Oft passen allerdings unterschiedliche Modelle, auch unterschiedliche Modelltypen, in gleicher Weise gut zu den Daten. Verschiedene Modelle liefern dann teilweise sehr unterschiedliche Prognosen. Die Passung zu den Daten ist also nur ein schwaches Gütekriterium – oder anders: Unterschiedliche Prognosen können auf gleichermaßen angemessenen Modellierungen fußen. Wenn man zusätzliche Informationen bzw. Annahmen benutzt, erhält man unter Umständen Auswahlkriterien. Bei der Anzahl der Betriebe mit Apfelanbau könnte das z.B. die Annahme einer notwendigen Minimalzahl von Betrieben sein. Noch besser ist es, wenn man einen gesetzmäßigen Zusammenhang kennt, wie er z.B. durch die DGLn beschrieben wird, wenn die Modellierung also in eine Theorie eingebettet ist. Beim Apfelanbau ist dies aber problematisch, weil die Anzahl der Betriebe von einer Vielzahl von Parametern abhängt.

LM 6.3 Mögliche Lösung zu SM 6.8, Aufgabe 2

Zwei Fischfangmodelle

a) (1) Der Bestand wächst logistisch, die Menge gefangener Fische ist proportional zum Bestand (Proportionalitätsfaktor k).

(2) Der Bestand wächst logistisch, es wird die konstante Menge c gefangen.

b)
$$f'(x) = 0{,}1 \cdot f(x) \cdot (5 - f(x)) - k \cdot f(x)$$
$$= 0{,}1 \cdot f(x) \cdot (5 - f(x) - 10k) = 0{,}1 \cdot f(x) \cdot (5 - 10k - f(x))$$

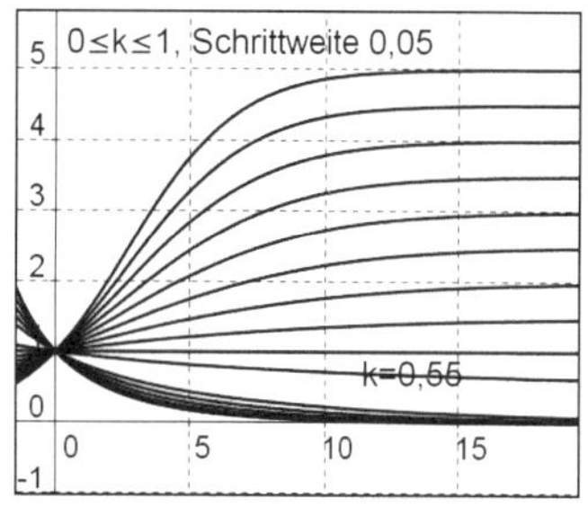

Mit $k = 0{,}1$ und $G = 5 - 10k$ hat die DGL die Form des logistischen Wachstums.

Mit $A = 1$ erhält man durch Einsetzen in die allgemeine Formel für logistisches Wachstum die angegebene Funktionsgleichung.

Bei kleinem k wächst der Bestand gegen eine Grenze, die für größer werdendes k immer niedriger ist. Für k=0,4 erhält man eine konstante Bestandsentwicklung, für k>0,4 verringert sich zunächst der Bestand, stabilisiert sich aber bei Bestandsmengen unter 1000 Fischen. Für k>0,5 stirbt der Bestand langfristig aus. Rechnerischer Nachweis: Konstanter Bestand, wenn $A = G$, also $5 - 10k = 1 \Rightarrow k = 0{,}4$.

Für k>0,5 gilt: G<0.

Für $k = 0{,}5$ wird der Nenner von $f_k(x)$ Null, f_k ist also dann nicht definiert. Die DGL wird dann zu $f'(x) = -0{,}1 \cdot (f(x))^2$ und hat damit eine ganz andere Struktur. (vgl. SM 3.7, A17)

c) c=1: Es werden alle Fische geangelt!

c=0,1:

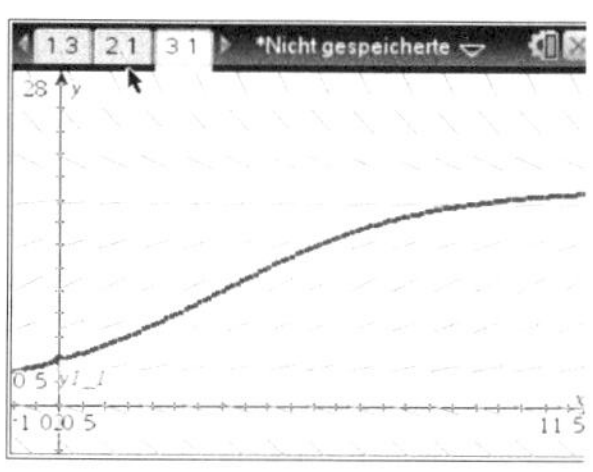

c=0,3:

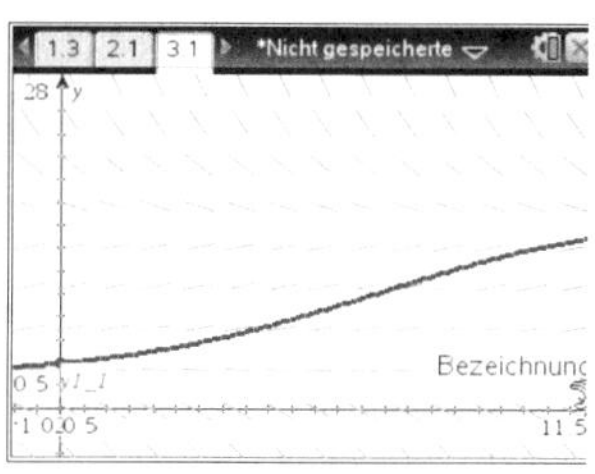

c=0,4:

c=0,5:

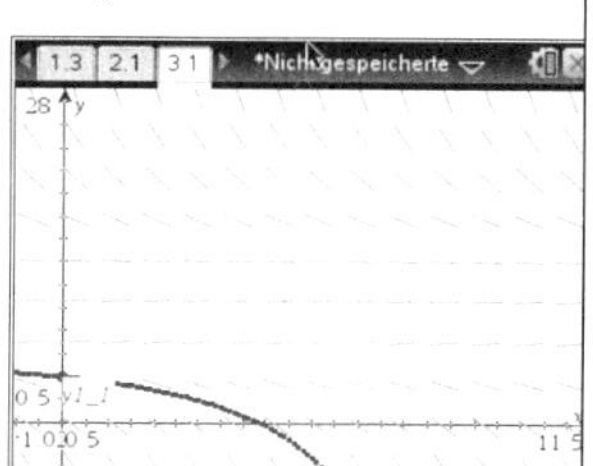

Für c<0,4 stabilisiert der Bestand sich wie bei (1) bei kleiner werdenden Grenzbeständen, wenn die Fangmenge zunimmt. Wenn 400 Fische gefangen werden, bleibt der Bestand konstant bei 1000 Fischen. Werden mehr als 400 Fische gefangen, nimmt der Bestand mit zunehmender Geschwindigkeit ab und stirbt schnell aus.

d)
Bei (1) nimmt mit zunehmender Fangrate der Grenzbestand zwar ab, was unmittelbar einsichtig ist, aber geringe Erhöhungen haben auch nur entsprechend kleiner werdende Grenzbestände zur Folge. Erst ab einer Fangrate k>0,5 kommt es zur Überfischung mit langfristigem Aussterben des Bestandes.

(2) ist unproblematisch bis zu einer Fangmenge von 400 Fischen. Werden nur wenig mehr gefangen, kommt es zu einem schnellen Aussterben! Dieses Modell ist also sehr sensibel bezüglich einer Erhöhung der Fangmenge, bei minimaler Erhöhung kann die weitere Bestandsentwicklung einen qualitativ vollständig anderen Verlauf nehmen.

Ein Fischfang nach (1) setzt die Kenntnis des jeweiligen Bestandes voraus, weil immer ein Anteil des Bestandes geangelt wird. Die Kenntnis des Bestandes ist aber nicht immer einfach zu erreichen.

(2) ist dann sinnvoll, wenn die kritische Fangmenge bekannt ist.

An beiden Modellen kann man in vereinfachter Form unterschiedliche Fangmethoden verdeutlichen. In Selbstversorgungskulturen haben sich sinnvolle Fangmengen im Laufe der Zeit entwickelt und führen bei entsprechender Lebensweise zu einer stabilen Entwicklung. Erntet man unter Optimierungsgesichtspunkten (Weiterverkauf etc.), dann sollte man (1) wählen, was aber wiederum zusätzliches Wissen über die aktuellen Bestände voraussetzt.

LM 6.4 Mögliche Lösung zu SM 6.10

Die Schwäche des Euler-Cauchy-Verfahrens

Aufgabe: Löse $f'(x) = \frac{1}{f(x)}$ mit Anfangsbedingung $f(0) = 2$ mithilfe von Richtungsfeldern.

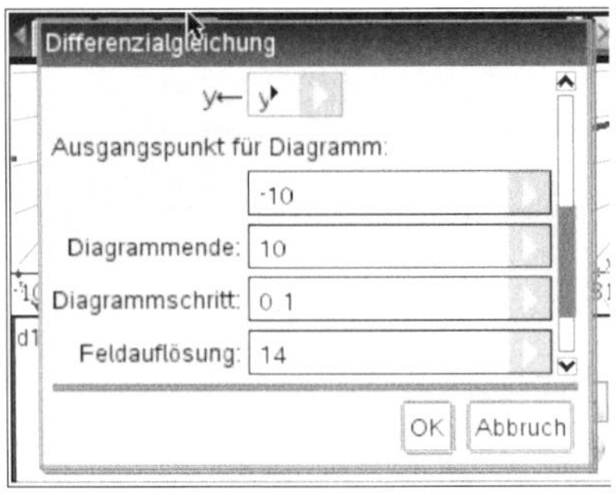

Diagrammschritt 0,1

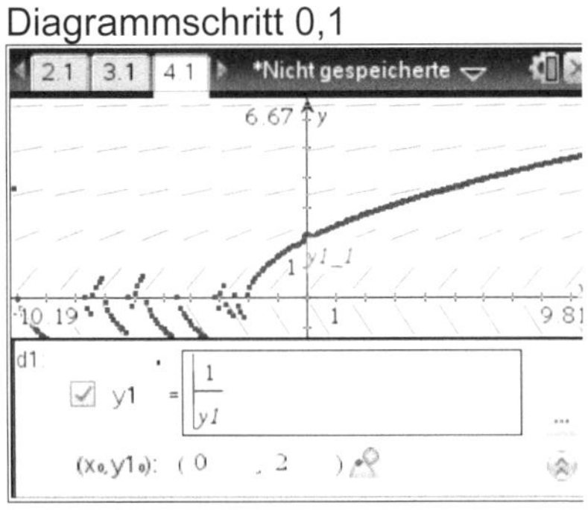

Diagrammschritt 0,01

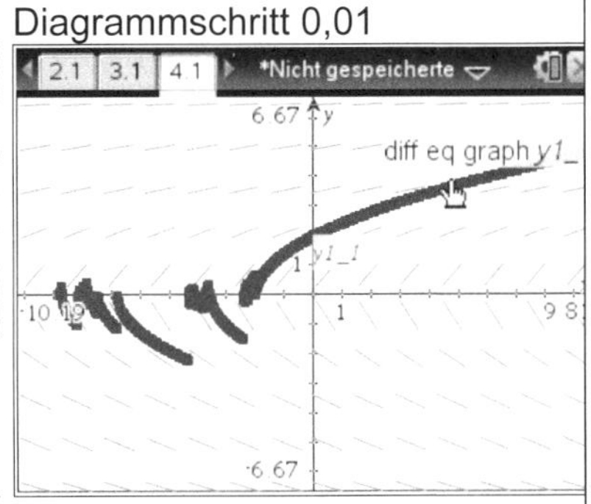

In Abhängigkeit der Diskretisierung erhält man unterschiedliche, bizarre, wohl falsche Kurvenverläufe. Die Graphen werden nicht glatter, wenn man verfeinert! Woran liegt das?

Unterhalb der x-Achse trifft die ‚Kurve' auf ein Tangentenstück, das ‚von rechts' berührt wird, der Verlauf ‚knickt ab', oberhalb gibt es dann eine Berührung von links usw. Der Polygonzug landet immer auf anderen Lösungskurven.

Mit dem Runge-Kutta-Verfahren (vgl. TC-Hilfen) erhält man ein plausibles Ergebnis (auch schon bei einer Schrittweite 0,1).

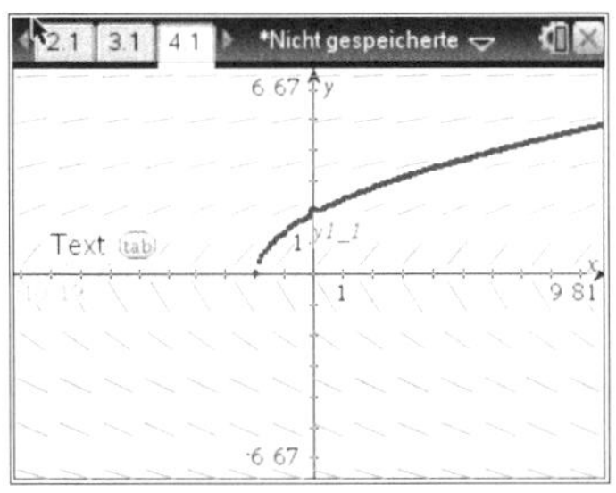

Die exakte Lösung ist $f(x) = \sqrt{2x+4}$ bzw. $f(x) = -\sqrt{2x+4}$ (Nachweis!). Dies erklärt auch ein wenig das seltsame Verhalten beim Euler-Cauchy-Verfahren: In (-2|0) liegt eine senkrechte Tangente vor (Nichtdifferenzierbarkeit). Der Polygonzug ‚springt' darüber hinweg und landet auf einer anderen Lösungskurve (negativer Startwert).

Das ‚Scheitern' des Euler-Cauchy-Verfahrens hat aber nicht allein in senkrechten Tangenten seine Ursache, wie folgendes Beispiel zeigt:

$f'(x) = x^2 + f(x)$; $A = (-5 | -17)$

Schrittweite 0,5

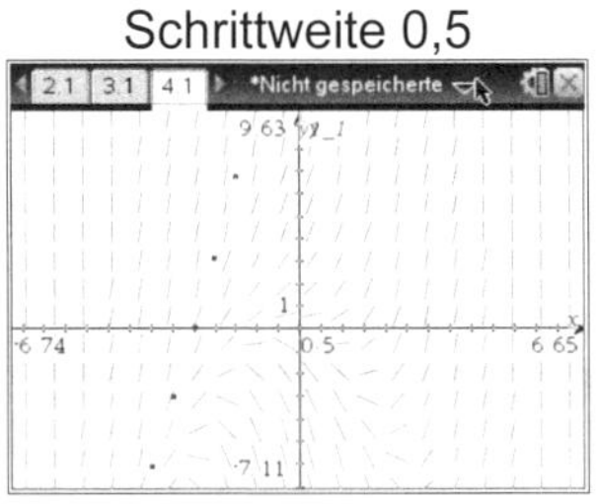

Schrittweite 0,1

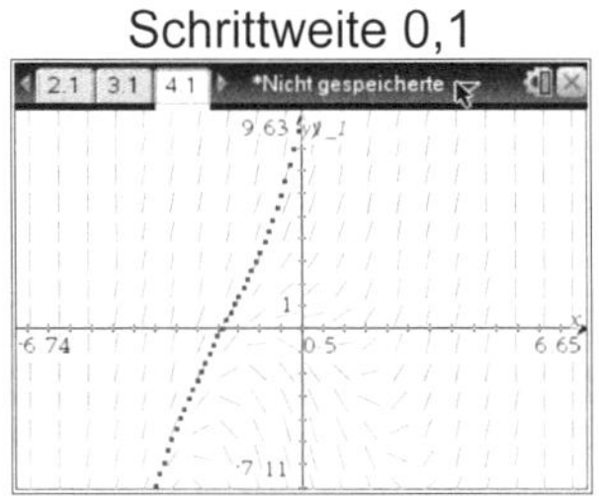

Schrittweite 0,01

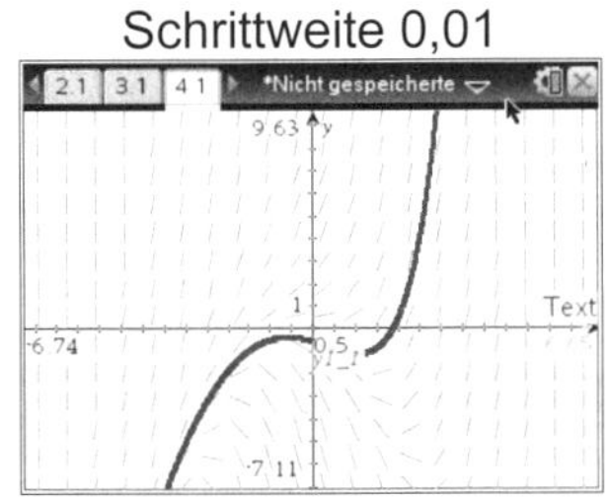

Aufklärung:

Die Grafik zeigt die Lösungsfunktionen für $(0 | -5), (0 | -3), (0 | -1), (0 | 1)$. Deutlich ist der kritische Bereich bei $t = -3$ zu erkennen; wenn hier Δt zu groß ist, gerät man auf die schiefe Bahn...

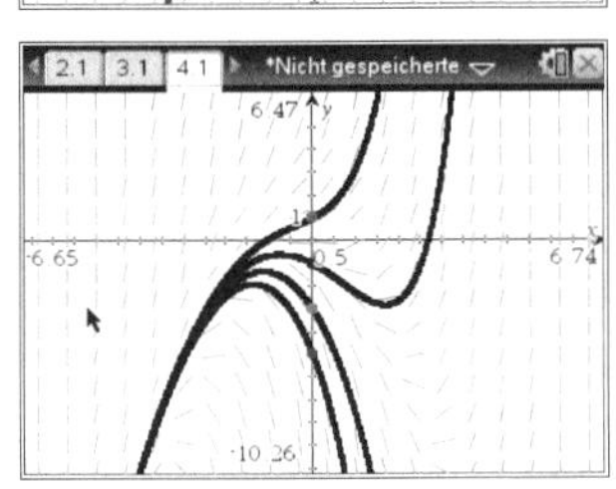

Wo Lösungskurven zunächst sehr eng beieinander liegen, dann aber auseinanderlaufen, hat das Euler-Cauchy-Verfahren Schwierigkeiten.

9. Wissensspeicher

Verknüpfungen von Funktionen und ihre Ableitungen

Produkt von Funktionen	$p(x)=f(x)\cdot g(x)$
Produktregel für die Ableitung	$p'(x)=f'(x)\cdot g(x)+f(x)\cdot g'(x)$
Quotient von Funktionen	$q(x)=\frac{f(x)}{g(x)}\quad g(x)\neq 0$
Quotientenregel für die Ableitung	$q'(x)=\frac{f'(x)\cdot g(x)-f(x)\cdot g'(x)}{(g(x))^2}$
Verkettung von Funktionen	$k(x)=f(g(x))$
Kettenregel für die Ableitung	$k'(x)=f'(g(x))\cdot g'(x)$

Änderungsverhalten von Exponentialfunktionen

(1) Die Ableitung einer Exponentialfunktion $f(x)=b^x$ ist wieder eine Exponentialfunktion. Der Graph ist in y-Richtung gestreckt. Es gilt also: $f'(x)=k\cdot b^x$

$f(x)=2^x$	$f(x)=4^x$	$f(x)=\left(\frac{1}{2}\right)^x$
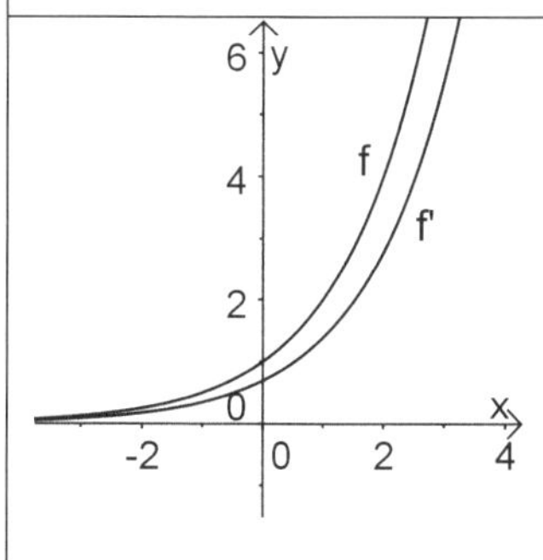	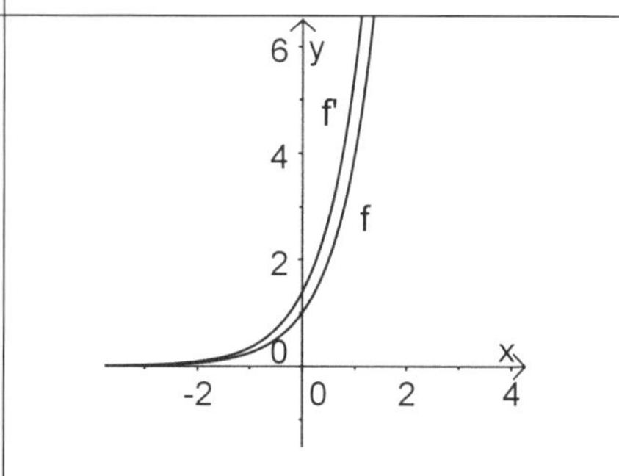	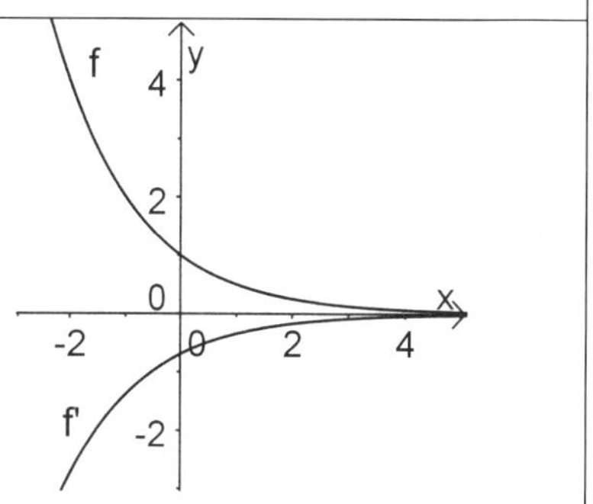
$f'(x)=k\cdot 2^x;\quad k\approx 0{,}7$	$f'(x)=k\cdot 4^x;\quad k\approx 1{,}4$	$f'(x)=k\cdot\left(\frac{1}{2}\right)^x;k\approx -0{,}7$

(2) Der Streckfaktor ist die Ableitung an der Stelle $x=0$, er gibt also die Steigung von f im Schnittpunkt des Graphen mit der y-Achse an.

$f(x)=b^x \quad\Rightarrow\quad f'(x)=f'(0)\cdot b^x$

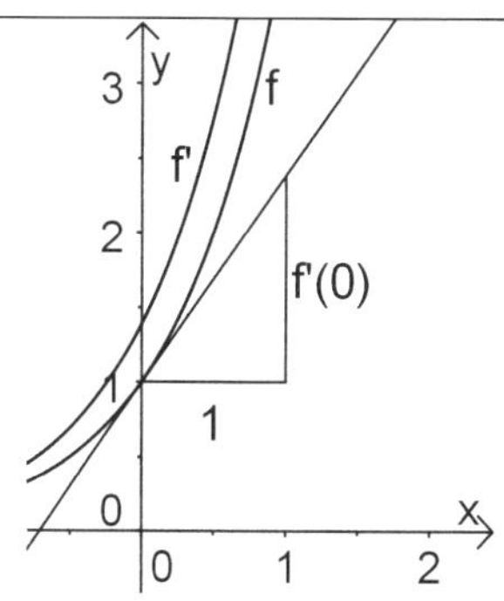

(3) Die Funktion, deren Ableitung gleich der Ausgangsfunktion ist, heißt **natürliche Exponentialfunktion.** Die Basis e heißt **Eulerzahl.**

$f(x)=e^x \quad\Rightarrow\quad f'(x)=e^x \quad$ mit $\quad e=2{,}718281...$

Logarithmus

Die Gleichung $e^x = b$ wird durch die Umkehroperation, das Logarithmieren, gelöst.

$e^x = b \rightarrow x = \log_e(b) = \ln(b)$

Der Logarithmus zur Basis e heißt natürlicher Logarithmus, er wird mit *ln* bezeichnet.

Es gilt: $e^{\ln(a)} = a = \ln(e^a)$

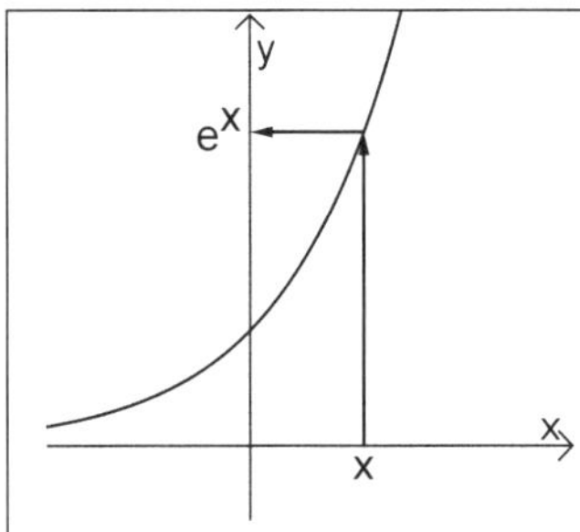

zu x den Wert $a = e^x$ finden: $a = e^x$

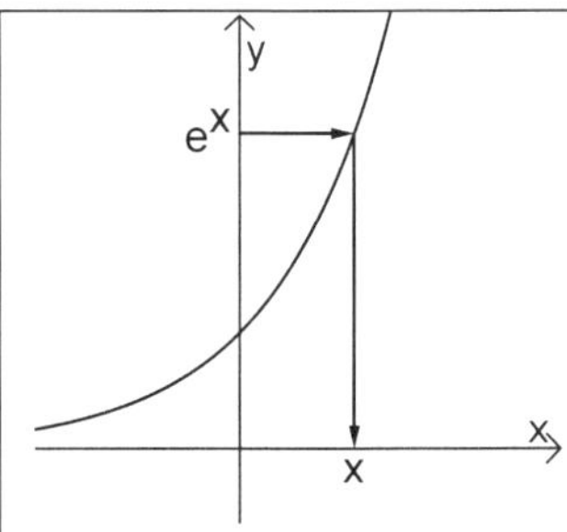

zu $a = f(x)$ den Wert x finden: $x = \ln(a)$

Basiswechsel

Jede Exponentialfunktion b^x lässt sich als Funktion zur Basis *e* darstellen. Man braucht also nur eine Basis.

$f(x) = b^x = (e^{\ln(b)})^x = e^{\ln(b)\cdot x}$ also: $b^x = e^{\ln(b)\cdot x}$

$f'(x) = \ln(b)\cdot e^{\ln(b)x} = \ln(b)\cdot b^x$

Beispiel:

$f(x) = 1{,}15^x$

$= e^{\ln(1{,}15)\cdot x}$

$\approx e^{0{,}1397x}$

$f'(x) = \ln(1{,}15)\cdot e^{\ln(1{,}15)x}$

$\approx 0{,}1397\cdot e^{0{,}1397x}$

Die natürliche Logarithmusfunktion-Umkehrfunktion der natürlichen Exponentialfunktion

Die Funktion $L(x) = \ln(x)$ ist die Umkehrfunktion von $E(x) = e^x$

Sie heißt natürliche Logarithmusfunktion.

Sie ist für alle positiven reellen Zahlen definiert, ihr Wertebereich sind alle reellen Zahlen.

$0 < x < 1: \quad \ln(x) < 0$

$x = 1: \quad \ln(1) = 0$

$x > 1: \quad \ln(x) > 0$

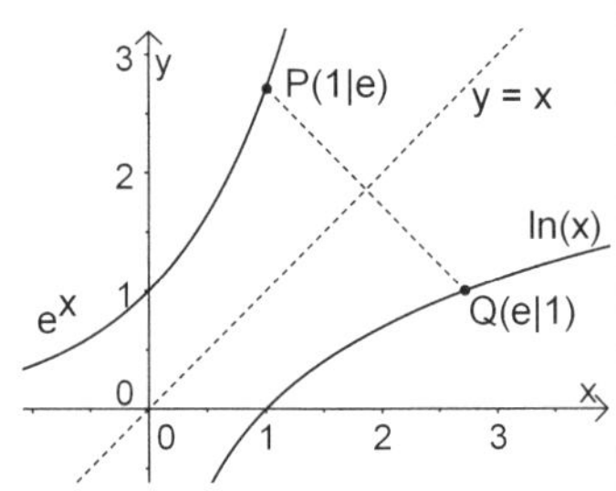

Ableitung der natürlichen Logarithmusfunktion

$f(x) = \ln(x) \quad \Rightarrow \quad f'(x) = \dfrac{1}{x}$

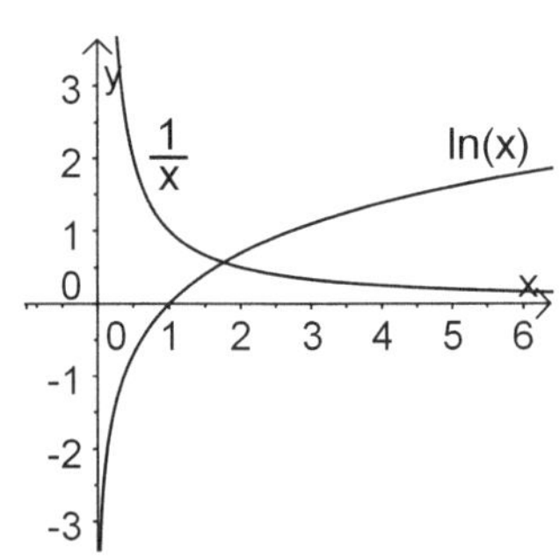

Lineares und exponentielles Wachstum

Wachstum ist charakterisiert durch die Art und Weise, wie sich Bestände f(x) ändern. Deswegen ist es naheliegend, die Änderung, also die Wachstumsgeschwindigkeitf '(x), zum Definieren von verschiedenen Wachstumsprozessen zu benutzen.

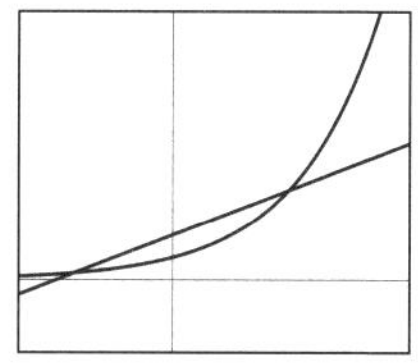

Für verschiedene Wachstumsvorgänge lassen sich charakteristische Zusammenhänge zwischen dem Änderungsverhalten (Ableitung) und dem Bestand (Ausgangsfunktion) herstellen.

Die zwei Grundformen des Wachstums sind:

	Lineares Wachstum	Exponentielles Wachstum
Beispiel:	In einer Schonung stehen 100 Bäume. Jedes Jahr werden 20 neue Bäume gepflanzt. Anfangsbestand A=100 Jährlicher Zuwachs: 20	*In einer Schonung sind 100 Borkenkäfer. Jedes Jahr kommen 20% dazu.* Anfangsbestand A=100 Jährliche Zuwachsrate: 20%
DGL:	$f'(x)=20;\quad A=100$	$f'(x)=0{,}1823\cdot f(x);\quad A=100$
Richtungsfeld:	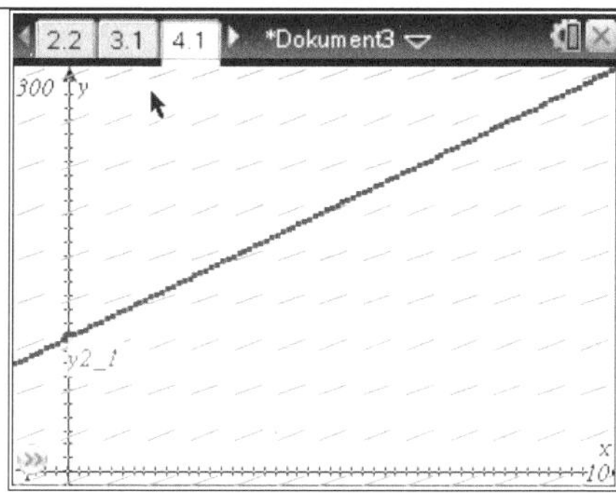	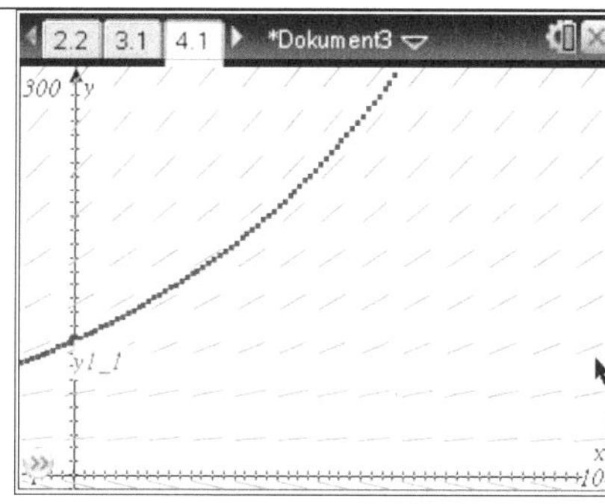
Funktion	$f(x)=20x+100$	$f(x)=100\cdot 1{,}2^x$ $=100\cdot e^{\ln(1{,}2)x}\approx 100\cdot e^{0{,}1823x}$
Grafik	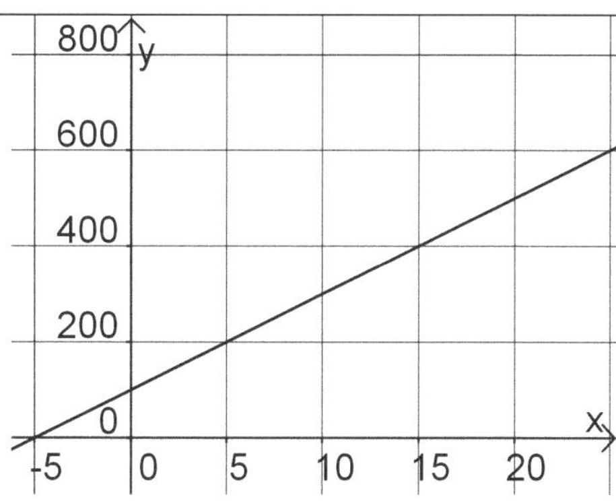	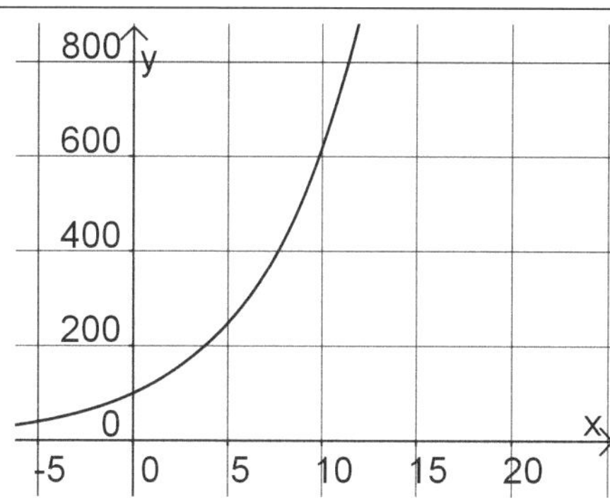
Allgemein: DGL: Funktion:	Die Änderung ist konstant. $f'(x) = c$ $f(x) = c\cdot x + A$	Die Änderung ist proportional zum Bestand. $f'(X) = k\cdot f(x)$ $f(x)=A\cdot e^{k\cdot x}=A\cdot e^{\ln(1+\frac{p}{100})\cdot x}$

nach NW Analysis II, 3-507-85804-6

Wachstum mit Grenze

„Die Bäume wachsen nicht in den Himmel". Nur mit dem exponentiellen Wachstum kann nicht jeder Sachverhalt angemessen beschrieben werden, es gibt auch Wachstum mit Grenzen. Das Wachstum nimmt meistens ab, wenn sich die Bestände einer vorhandenen Grenze nähern. Eine Möglichkeit, dies zu modellieren, wird im Folgenden gezeigt:

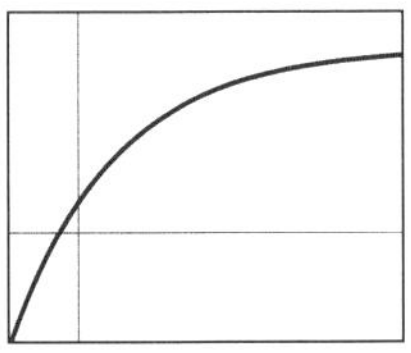

	Begrenztes Wachstum	Beispiel
	Die Änderung ist proportional zur Differenz aus Bestand und Grenze, also zum möglichen Restbestand.	In einem 20°C warmen Raum werden ein Becher kochendes Wasser und ein Becher kaltes Wasser (6°C) auf den Tisch gestellt. Wie verläuft der Abkühlungs- bzw. Erwärmungsprozess, wenn die Wachstumskonstante (Proportionalitätsfaktor) $k = 0{,}1$ ist?
DGL	$f'(x)=k\cdot(G-f(x))$ A: Anfangsbestand f(0) G: (Kapazitäts-)grenze k: Wachstumskonstante	$T'(x) = k(20 - T(x))$ $A_{\text{Wasser warm}}=100$ $A_{\text{Wasser kalt}}=6$
Richtungsfeld	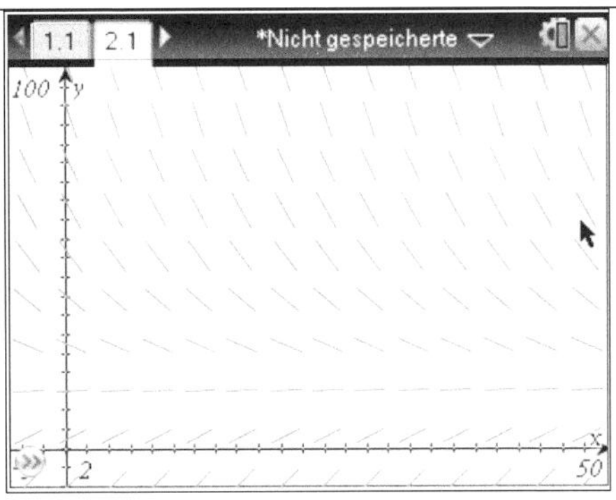	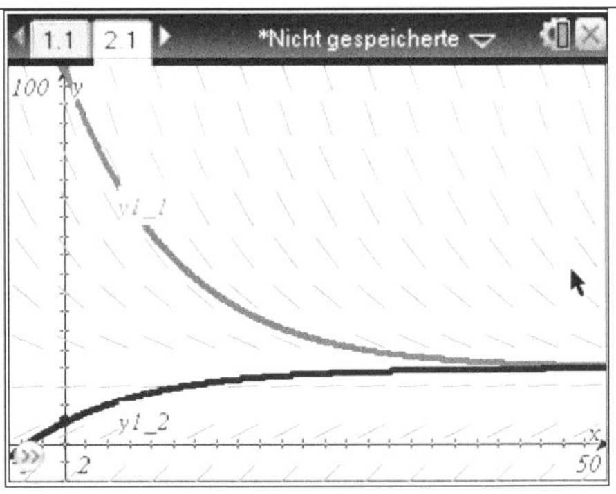
Funktion	$f(x) = (A - G)\cdot e^{-k\cdot x} + G$	$T_{\text{Wasser warm}}(x) = 80e^{-0,1x} + 20$ $T_{\text{Wasser kalt}}(x) = -14e^{-0,1x} + 20$
Grafik	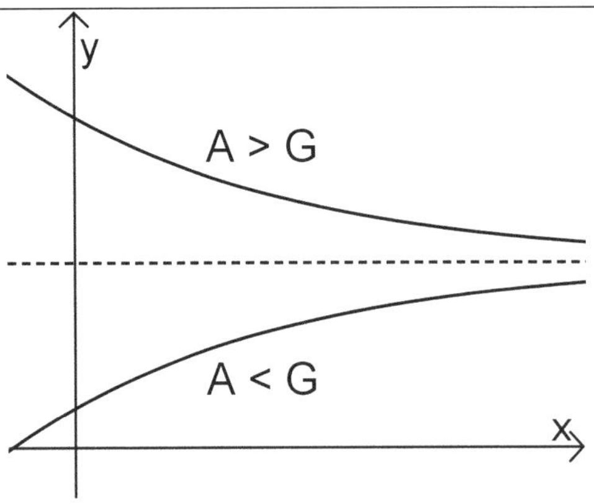	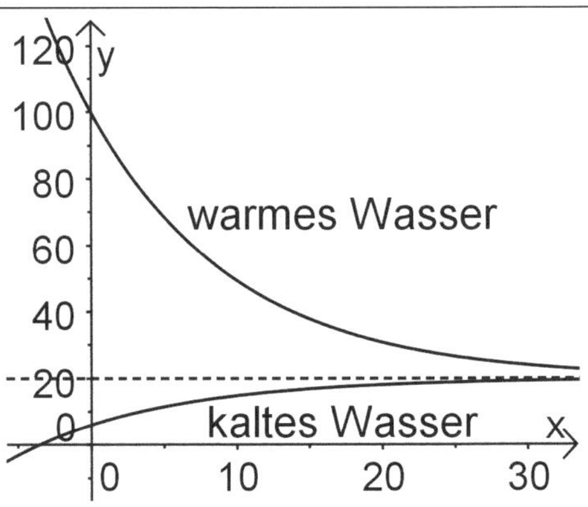

nach NW Analysis II, 978-3-507-85804-6

Logistisches Wachstum

Viele natürlich vorkommende Wachstumsprozesse haben einen sogenannten „sigmoiden“ Verlauf. Zu Beginn ähnelt das Wachstum dem des exponentiellen Wachstums, später eher dem des begrenzten Wachstums.

	Logistisches Wachstum	Beispiel
	Die Änderung ist proportional zum Bestand und zum Restbestand (also zur Differenz aus Bestand und Grenze).	Das Wachstum von Zyperngras ist proportional zur momentanen Länge und zur noch möglichen Länge mit dem Proportionalitätsfaktor 0,003. Eine Pflanze wird mit 10 cm Länge eingepflanzt, sie wird maximal 1,5 m hoch.
DGL	$f'(x) = k \cdot f(x) \cdot (G - f(x))$ A: Anfangsbestand G: Grenze k: Wachstumskonstante	$f'(x) = 0{,}003 \cdot f(x) \cdot (150 - f(x))$ $A = 10$ $G = 150$ $k = 0{,}003$
Richtungsfeld	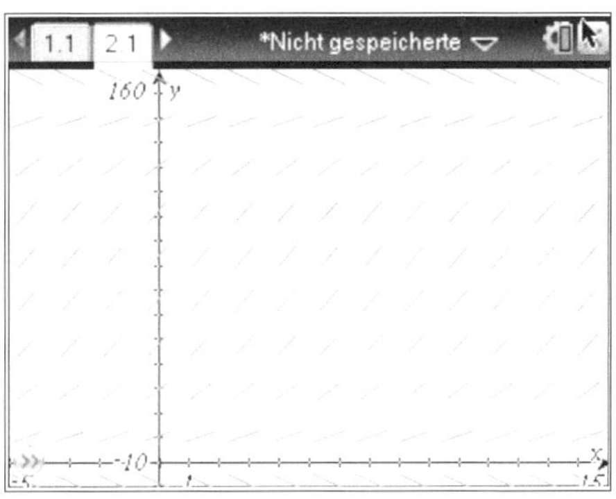	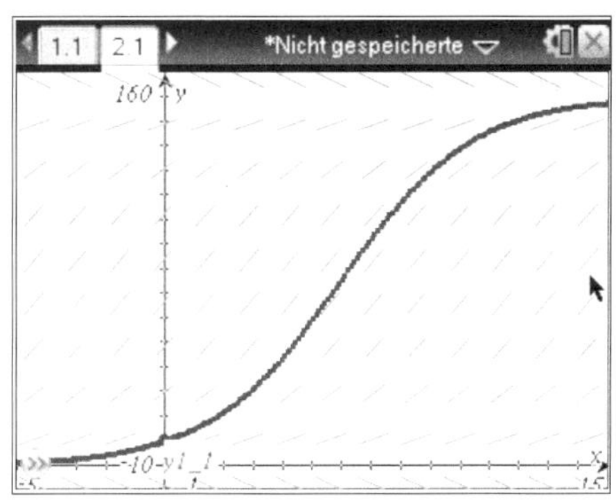
Funktion	$f(x) = \dfrac{A \cdot G}{A + (G - A)e^{-k \cdot G \cdot x}}$	$f(x) = \dfrac{1500}{10 + 140 \cdot e^{-0{,}45x}}$
Grafik	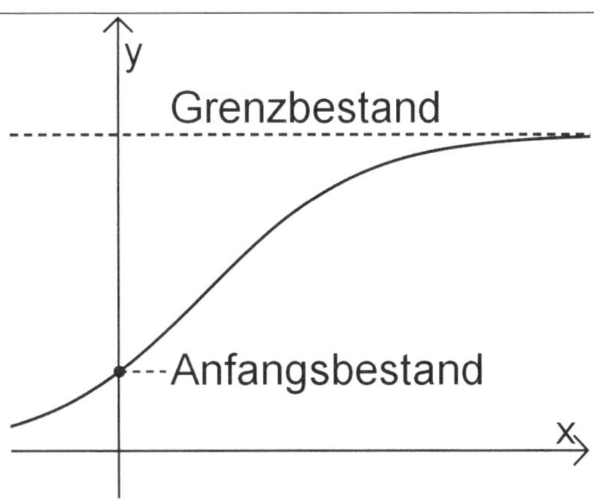	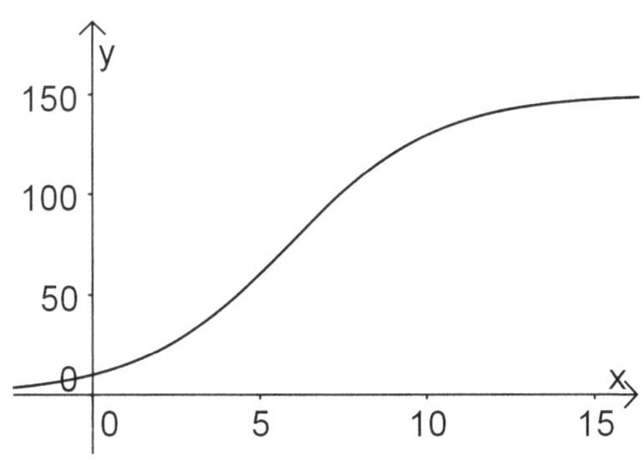

nach NW Analysis II, 978-3-507-85804-6

10. Selbsteinschätzung

Schätzen Sie Ihre Kenntnisse ein und machen Sie ein Kreuz in der entsprechenden Spalte.

Ich kann	kann ich gut	muss ich noch üben	ich brauche Hilfe
• für die Verknüpfung von Funktionen durch Produkt, Quotient oder Verkettung die Ableitungsregeln anwenden.			
• die Exponentialfunktion mit der Basis e als besondere Exponentialfunktion mit $f'(x) = f(x)$ identifizieren und beschreiben.			
• die besondere Rolle der e-Funktion erläutern und allgemeine Exponentialfunktionen in die Darstellung als e-Funktion überführen.			
• die Logarithmusfunktion $L(x) = \ln(x)$ als die Umkehrung der natürlichen Exponentialfunktion $E(x) = e^x$ beschreiben und zur Lösung von Gleichungen der Form $e^x = k$ anwenden.			
• die Ableitungen einfacher ln-Funktionen berechnen.			
• Stammfunktionen zu e-Funktionen der Form $a \cdot e^{k \cdot x}$ bilden.			
• Wachstumsprozesse mit Hilfe von Funktionstermen und Funktionsgraphen beschreiben.			
• zu vorgegebenen Sachverhalten DGLn aufstellen und mithilfe von Richtungsfeldern entsprechende Lösungsfunktionen angeben.			
• Wachstumsprozesse mithilfe von e-Funktionen zu vorgegebenen Daten mathematisch modellieren.			
• für das begrenzte Wachstum DGLn der Form $f'(x) = k \cdot (G - f(x))$ aufstellen und interpretieren.			
• für das logistische Wachstum DGLn der Form $f'(x) = k \cdot f(x) \cdot \left(1 - \frac{f(x)}{G}\right)$ aufstellen und interpretieren.			
• mithilfe von Richtungsfeldern numerisch-graphische Lösungen von DGLn generieren.			

11. Klausuraufgaben

1 *Ein Fischbestand*

Der Fischbestand in einem See wird einmal im Jahr gemessen; es ergeben sich folgende Bestände:

Zeit	0	1	2	3	4	5
Fische in Tausend	1,95	2,23	2,56	2,93	3,35	3,82

Vier Institute **A**, **B**, **C und D** werten die Messreihe aus:

A: Lineares Modell W_A .

B: W_B : Der jährliche Zuwachs beträgt 15%.

C: $W_C'(t) = 0{,}05 \cdot (10 - W_C(t))$

D: $W_D(x) = \dfrac{14}{2 + 5 \cdot e^{-0{,}21x}}$

a) • Ermitteln Sie zu A und B jeweils eine passende Funktion W_A bzw. W_B.

• Beschreiben Sie die Modellannahmen von C und D und geben Sie jeweils eine geeignete Wachstumsfunktion an.

• Skizzieren Sie die Messreihe und die Modelle W_A, W_B, W_C und W_D in ein Koordinatensystem. Interpretieren und vergleichen Sie die Modelle. Berücksichtigen Sie dabei auch die Vergangenheit und die Zukunft. Welches grundsätzliche Modellierungsproblem tritt hier auf?

b) • Welche Fischbestände ergeben sich nach den einzelnen Modellen in 10 Jahren?

• Angenommen, es sind in 10 Jahren 7700 Fische. Schließen Sie begründet Modelle aus. Finden Sie zu den weiterhin sinnvollen möglichen Modellen passende Parameterwerte, wobei D davon ausgeht, dass nach 10 Jahren die maximale Wachstumsgeschwindigkeit vorliegt.

2 *Algenwachstum*

Auf einem kleinen See von ca. 6000 m^2 kommt es im Sommer zu einer „Algenpest“. Zu Beginn der Beobachtung ($t = 0$) ist die von Algen bedeckte Fläche etwa 200 m^2 groß, am Ende einer Woche ($t = 7$) sind bereits 350 m^2 Wasserfläche bedeckt.

a) Zwei Gruppen beschreiben das Wachstum durch zwei unterschiedliche Modelle:

(1) $L(t) = a \cdot t + b$; (2) $E(t) = A \cdot e^{kt}$.

- Bestimmen Sie zu beiden Modellen die passenden Werte für die Parameter.
- Wann wäre nach (1) und (2) der See vollständig mit Algen bedeckt?
- Warum sind beide Modelle nicht zur Beschreibung des Algenwachstums über einen langen Zeitraum geeignet?

Aus Erfahrung weiß man, dass die „Algenpest“ nach einem Höhepunkt wieder abnimmt und im Herbst wieder verschwindet.

b)
- Zeigen Sie, dass $G_1(t) = 200 \cdot e^{0,1t - 0,001t^2}$ und $G_2(t) = 200 \cdot e^{0.11t - 0.0025t^2}$ zu der Erfahrung und den Messwerten passende Funktionen sind.
- Wie groß wird die von Algen bedeckte Fläche nach den beiden Modellen jeweils maximal werden?
- Wie könnte man eine Entscheidung finden, welches Modell besser ist?

c) Zeigen Sie, dass für die Modelle *L*, *E* und G_1 jeweils folgende Gleichungen gelten:

(1) $L'(t) = 21{,}4$ (2) $E'(t) = 0{,}09 \cdot E(t)$ (3) $G_1'(t) = (0{,}1 - 0{,}002t) \cdot G_1(t)$

Beschreiben Sie mit Hilfe der Gleichungen das Änderungsverhalten des Wachstums des Algenteppichs.

nach NW Analysis II, S.340, 978-3-507-85804-6

3 *Verschiedene Modelle*

Bestimmte Wachstumsvorgänge werden beschrieben durch Funktionen f_c mit $f_c(t) = \frac{1000}{10 + 90e^{-ct}}; 0 < c < 1$

a) Skizzieren Sie für drei selbst gewählte Werte von *c* die Graphen und beschreiben Sie die Wachstumsvorgänge in Abhängigkeit von *c*.

Berechnen Sie einen Wert für *c* so, dass $f_c(10) \approx 50$ ist.

Bestimmen Sie für $c = 0{,}15$ den Zeitpunkt *t*, ab dem der Bestand 99% des maximalen Bestandes überschritten hat.

Zeigen Sie, dass f_c Lösung der Gleichung (DGL) $f'(t) = 0{,}01c \cdot f(t) \cdot (100 - f(t))$ ist. Beschreiben und interpretieren Sie damit die Wachstumsgeschwindigkeit in Abhängigkeit des Bestandes.

b) Bei einem Wachstumsprozess wird der Bestand gemessen. Man erhält folgende Werte:

Zeit in Tagen	10	20	30	40	50
Bestand in Mengeneinheiten (ME)	22	50	72	83	92

Zeigen Sie, dass $f_{0,1}$ gut zu den Messwerten passt.

Zur Beschreibung der Bestandsentwicklung wird alternativ die Funktion *g* vorgeschlagen mit :

$$g(t) = \begin{cases} 9{,}5 \cdot e^{0{,}08t} & \text{für } 0 \le t \le 20 \\ 2{,}5t - 3 & \text{für } 20 < t \le 30 \\ -125e^{-0{,}05x} + 100 & \text{für } t > 30 \end{cases}$$

Beschreiben Sie die einzelnen Teile des Graphen unter dem Aspekt „Wachstum“.

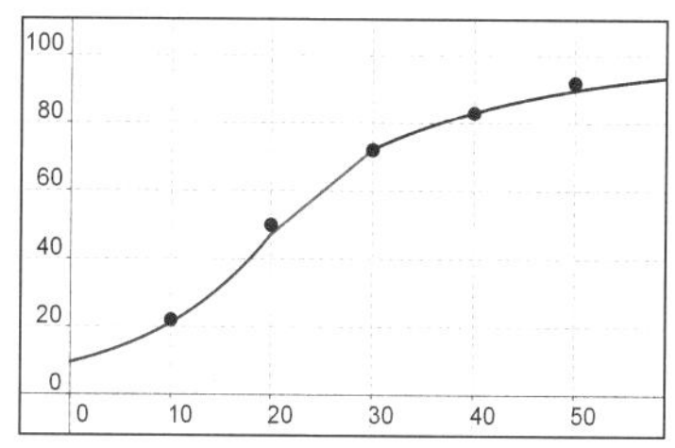

Vergleichen Sie die beiden Modelle $f_{0,1}$ und *g*. Welches Modell bevorzugen Sie? Beziehen Sie Prognosemöglichkeit, Passung mit den Daten und die Kurvenverläufe in Ihre Überlegungen mit ein.

nach NW Analysis II, S.340, 978-3-507-85804-6

4 *Maisanbau*

Zum Betreiben von Biogas-Anlagen wird zunehmend mehr Mais benötigt. Dazu werden auch immer wieder neue Sorten gezüchtet und auf Versuchsfeldern getestet. Unter anderem wird das Höhenwachstum untersucht. Bei einer neuen Sorte wird folgende Messwerttabelle aufgenommen.

Zeit in Wochen	0	2	4	6	8	10	12	14
Höhe in m	0,21	0,62	1,20	1,62	2,12	2,34	2,41	2,47

a) Zunächst wird mit beschränktem Wachstum modelliert. Es wird folgende Funktion benutzt:
$B_1(t) = -2{,}3 \cdot e^{-0{,}2t} + 2{,}5$

Zeigen Sie, dass für $B_1(t)$ gilt: $B_1'(t) = 0{,}2 \cdot (2{,}5 - B_1(t))$.

Interpretieren Sie damit das Wachstumsverhalten.

Ermitteln Sie mit Hilfe der Messdaten ein eigenes Modell $B_2(t)$ von diesem Typ.

Skizzieren Sie die Graphen beider Funktionen zu der Messreihe und beurteilen Sie die Güte der Modellierung.

b) Jetzt wird mit logistischem Wachstum modelliert, dabei wird folgende DGL benutzt:
$L'(t) = 0{,}2 \cdot L(t) \cdot (2{,}5 - L(t))$.

Zeigen Sie, dass $L(t) = \dfrac{0{,}5}{0{,}2 + 2{,}3 \cdot e^{-0{,}5t}}$ die DGL löst und zu den Daten passt.

Bestimmen und skizzieren Sie $L'(t)$ und beschreiben Sie damit das Wachstumsverhalten. Begründen Sie mit Hilfe der Messwerte, dass L(t) besser passt als B(t), benutzen Sie dazu auch die Differenzen der gemessenen Höhen.

c) Zeigen Sie, dass $W(2 \cdot \ln(11{,}5) \mid 1{,}25)$ Wendepunkt ist. Interpretieren Sie die Koordinaten im Sachzusammenhang.

nach NW Analysis II, S.341, 978-3-507-85804-6

5 *Ein Smartphone*

Die Firma *Peach* bringt das Smartphone *Eipitt* auf den Markt. Die Marktforschungsabteilung hat herausgefunden, dass der Absatz gut mit Begrenztem Wachstum beschrieben werden kann. Es liegen folgende Daten zugrunde: Maximal 12000 Geräte werden absetzbar sein. Zur Markteinführung werden 1000 Stück verkauft. Die Wachstumskonstante beträgt 0,15.

a) Bestimmen Sie eine passende DGL und Funktionsgleichung (x: Zeit in Monaten).

Wie viele Geräte werden nach einem Jahr verkauft sein?

Wann ist damit zu rechnen, dass mehr als 10000 Geräte verkauft sind?

Wann wird vermutlich so gut wie kein Gerät mehr verkauft?

b) *Peach* interessiert sich auch dafür, wie die Verkaufsentwicklung sein wird, wenn

(1) die Zahl maximal verkaufbarer Geräte variiert,

(2) die Wachstumskonstante variiert,

(3) die Anzahl anfänglich verkaufter Geräte variiert.

Benutzen Sie für die festen Parameter jeweils die Werte aus a).

Stellen Sie zu (1) – (3) passende Gleichungen zu den DGLn und Funktionenscharen auf, erstellen Sie jeweils eine aussagekräftige Grafik und beschreiben Sie die Verkaufsentwicklung in Abhängigkeit des jeweiligen Parameters.

c) Die Ausdrücke (A) – (C) geben zu (1) – (3) jeweils die Anzahl verkaufter Geräte nach 10 Monaten an. Leiten Sie die Ausdrücke her und beschreiben Sie die Anzahl jeweils in Abhängigkeit des Parameters.

Welche Formel passt jeweils zu den Aussagen in den Kästen, geben Sie eine Begründung.

(A) $f_G(10) \approx 0{,}77 \cdot G - 223$ (B) $f_k(10) = 12000 - 11000e^{-10k}$ (C) $f_A(10) \approx 0{,}22A + 9322$

Nach 10 Monaten werden immer ungefähr 3/4 der maximal möglichen Anzahl verkauft sein.

Egal, wie viele Geräte zu Beginn verkauft werden, nach 10 Monaten werden mindestens 9000 verkauft sein.

nach NW Analysis II, S.330, 978-3-507-85804-6

6 Zwei Fischbestände

Gegeben sind zwei Messreihen für zwei Fischarten in einem See (Angaben in Tausend).

Gegeben ist weiterhin ein Wachstumsmodell:

$W(t) = A \cdot e^{\frac{k}{2} \cdot t^2}$

Zeit	0	1	2	3	4	5	6
F1	10	9,8	9,2	8,4	7,3	6,0	4,8
F2	10	10,1	10,4	10,9	11,8	12,9	14,3

a) Begründen Sie, warum weder bei **F1** noch bei **F2** exponentielles Wachstum gut passt.

Ermitteln Sie mit jeweils zwei selbst gewählten Messwerten eine geeignete Wachstumsfunktion **W** für **F1** und **F2** und skizzieren Sie Messwerte und Funktionen in ein Koordinatensystem.

b) Zeigen Sie, dass $W(t)$ Lösungsfunktion der DGL $W'(t) = k \cdot t \cdot W(t)$ ist. Interpretieren Sie die DGL.

c) Das Modell $W(t)$ soll jetzt für den allgemeinen Fall untersucht werden.

Welche Auswirkungen hat eine Variation von *A*, welche Auswirkungen hat eine Variation von *k* ? Beschreiben Sie die Bestandsentwicklungen für

(1) $k = 0{,}1$ und beliebiges *A*

(2) $k = -0{,}1$ und beliebiges *A*

(3) $A = 5$ und beliebiges *k*.

Skizzieren Sie charakteristische Verläufe und beschreiben Sie jeweils die Bestandsentwicklungen in Abhängigkeit des Parameters. Welche inhaltliche Bedeutung haben ***k*** und ***A***?

d) Ermitteln Sie für $k < 0$ die maximale Abnahmegeschwindigkeit des Bestandes und begründen Sie mithilfe des Funktionsterms die langfristige Entwicklung.

7 *Fichtenwachstum*

Die Wachstumsgeschwindigkeit einer Fichte kann in Abhängigkeit der Zeit durch $f(x) = 0{,}3 \cdot x \cdot e^{-0.1x}$ beschrieben werden. (x: Zeit in Jahren; f(x): momentane Wachstumsrate in m/Jahr).
Zum Zeitpunkt $t = 0$ hat die Fichte eine Höhe von ca. 1m.

a) Skizzieren Sie den Graphen von f und beschreiben Sie das Wachstum der Fichte im Laufe der Jahre.

Bestimmen Sie f(30) und interpretieren Sie das Ergebnis im Sachzusammenhang.

b) Wann wächst die Fichte am stärksten, wie groß ist dann die Wachstumsgeschwindigkeit?

c) Begründen Sie anschaulich anhand des Graphen, dass die Fichte nach 20 Jahren weniger als 20 Meter hoch ist.

Zeigen Sie, dass $F(x) = -3 \cdot (x + 10) \cdot e^{-0{,}1x} + c$ die Menge der Stammfunktionen von fist. Berechnen Sie die zu erwartende Höhe der Fichte nach 20 Jahren.

Wie groß wird die Fichte werden?

Skizzieren Sie ein *Zeit-Höhen-Diagramm* und vergleichen Sie dies mit Ihrer Beschreibung in a).

d) Auf öffentlichen Plätzen werden Fichten mit 8 m Höhe als Weihnachtsbäume aufgestellt. Wann müssen sie gefällt werden?

nach NW Analysis II, S.339, 978-3-507-85804-6

8 *Eine Digitalkamera*

Die Firma KONIN bringt eine neue Digitalkamera auf den Markt. Aus Erfahrung mit der Verkaufsentwicklung anderer, ähnlicher Produkte weiß die Firma, dass die Funktion *f* mit
$f(x) = 800 \cdot x \cdot e^{-0{,}1x}$; $x > 0$

(t: Zeit nach Verkaufsbeginn in Wochen; f(x): Stückzahl pro Woche)

die Verkaufsentwicklung gut beschreibt.

a) Skizzieren Sie den Graph von *f*. Beschreiben Sie den Verlauf der Verkaufsentwicklung. Weisen Sie die langfristige Entwicklung auch am Funktionsterm nach. Nennen Sie Gründe, warum der beschriebene Verlauf plausibel ist.

b) In welcher Woche werden am meisten Kameras verkauft werden?

Mit den Großhändlern ist vereinbart, dass die Bestellmengen reduziert werden, wenn die Abnahme der wöchentlichen Verkaufszahlen am größten ist. Wann tritt diese Situation ein?

c) Zeigen Sie, dass $G(x) = 80000 - 8000 \cdot (x + 10) \cdot e^{-0{,}1x}$ die Gesamtzahl der nach x Wochen verkauften Kameras beschreibt.

Wie viele Kameras werden im ersten halben Jahr verkauft?

Wie viele Kameras können nach dem Modell langfristig abgesetzt werden?

d) Die Produktionskapazität der Firma liegt bei 2000 Kameras pro Woche.

Begründen Sie anhand der Skizze, dass vor dem Verkaufsstart Kameras produziert sein müssen, damit zu jedem Zeitpunkt genügend Kameras bereitstehen.

Wie viele Kameras müssen vorweg produziert sein?

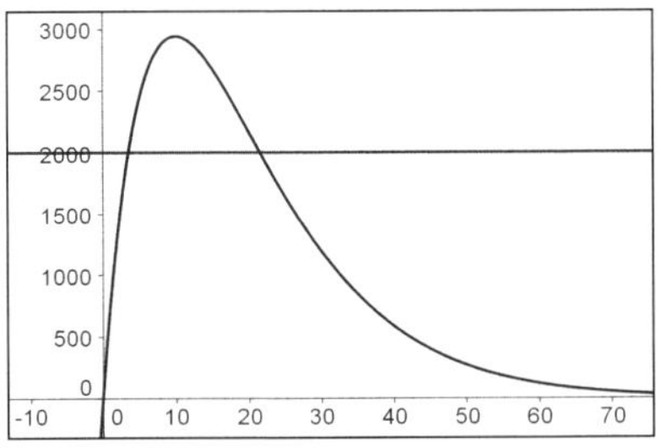

Um Verluste zu vermeiden, hat die Firma beschlossen, die Produktion einzustellen, wenn nach dem Modell insgesamt nur noch 5000 Geräte verkauft werden können.

Wann wird dieser Zeitpunkt sein?

nach NW Analysis II, S.337, 978-3-507-85804-6

9 *Verkauf von Kaffeeautomaten*

Zwei unterschiedliche Typen von Kaffeeautomaten werden gleichzeitig am Markt eingeführt. Auf der Grundlage von Umfragen und bisherigen Erfahrungen wird der Verkauf durch die beiden folgenden Funktionen modelliert:

Typ 1:	Typ 2:	
$H(x) = 3x \cdot e^{-0,25x}$	$M(x) = 0,5x^2 \cdot e^{-0,25x}$	x: Monate; y: Stückzahl in 10000 pro Monat $x = 0$: Markteinführung

a) Skizzieren Sie jeweils die Verkaufsfunktionen. Beschreiben und vergleichen Sie den jeweiligen Absatz. Wo liegt ein wesentlicher Unterschied in der Modellierung des Absatzes der beiden Gerätetypen?

b) Bestimmen Sie jeweils die maximalen Absätze pro Monat und deren Zeitpunkt. Wann ist jeweils die Zunahme bzw. die Abnahme des Verkaufs maximal? Erklären Sie damit rechnerisch den qualitativen Unterschied in der Absatzentwicklung.

c) Wie viele Geräte werden nach den Modellen jeweils in den ersten 3 Monaten abgesetzt, wie viele in den ersten 2 Jahren? Interpretieren Sie das Ergebnis.

Untersuchen Sie graphisch, wann von beiden Gerätetypen gleich viel abgesetzt wurden.

nach NW Analysis II, S.272, 978-3-507-85804-6

10 *Innermathematisches zur e-Funktion*

Gegeben ist die Funktion $f(x) = e^{-\frac{1}{2}x^2}$

a) Skizzieren Sie *f*, begründen Sie die Symmetrie und das Verhalten für $x \to \pm\infty$.

Berechnen Sie den Extrempunkt. Begründen Sie allein mit Hilfe des Funktionsterms, dass es sich um einen Hochpunkt handelt.

Zeigen Sie, dass $W_1(1|\frac{1}{\sqrt{e}})$ und $W_2(-1|\frac{1}{\sqrt{e}})$ die Wendepunkte sind.

b) Es soll die Fläche unterhalb von f im Intervall [0;3] bestimmt werden. Da es zu *f* keine Stammfunktion gibt, ist man auf Näherungen angewiesen.

Bestimmen Sie die Gleichung der Tangente im Wendepunkt mit positiver x-Koordinate und skizzieren Sie diese in obige Skizze. Begründen Sie, dass die Fläche, die diese Tangente mit den Koordinatenachsen umschließt, eine gute Näherung liefert. Welchen Näherungswert erhält man?

Jetzt soll der Kurvenverlauf in [0;3] durch zwei Parabeln $p_1(x) = ax^2 + b$ und $p_2(x) = c(x-3)^2$ angenähert werden; der Übergang ist an der Stelle $x = 1$.

Bestimmen Sie die passenden Parameterwerte und den Näherungswert für den Flächeninhalt, den man so erhält.

c) Unter dem Graphen soll ein Rechteck mit maximalem Flächeninhalt konstruiert werden. Wie muss t dazu gewählt werden?

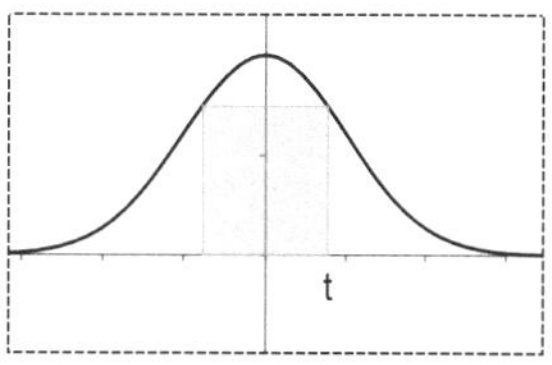

nach NW Analysis II, S.341, 978-3-507-85804-6

11 *Ein Medikament*

Die Firma *Phazierma* bietet das Beruhigungsmittel *Riezan* an. Die Wirkung f_d (in Prozent) kann in Abhängigkeit von der Dosismenge *d* (in mg) und der Zeit *x* (in min) durch die folgende Funktionenschar beschrieben werden:

$f_d(x) = \frac{d}{100} \cdot x \cdot e^{-\frac{x}{d}}$, $x = 0$: Zeitpunkt der Einnahme

a) Die Abbildung zeigt den Verlauf der Wirkung für die Dosismengen $d = 100$ und $d = 150$.

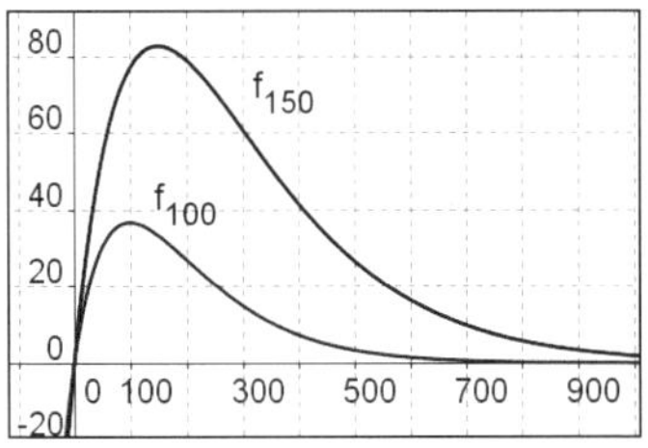

Erläutern Sie für diese beiden Dosen den Verlauf des Graphen und vergleichen sie die jeweilige Wirkung.

Ermitteln Sie jeweils das Maximum der Wirkung und den Zeitpunkt der maximalen Abnahme. Wie hoch ist dann noch die Wirkung?

b) Skizzieren Sie für weitere Dosismengen die zugehörigen Graphen. Beschreiben Sie allgemein den Wirkungsverlauf des Medikaments in Abhängigkeit der Zeit und der Dosis.

Berechnen Sie den Zeitpunkt der maximalen Wirkung und die zugehörige Größe der Wirkung in Abhängigkeit von der Dosismenge *d*. Man weiß, dass ab einer Wirkung von 80% die Nebenwirkungen zu stark sind. Welche maximale Dosis darf damit nur verschrieben werden?

c) *Phazierma* hat festgestellt, dass die Fläche unter dem Graphen von f_d ein Maß für die Belastung des Körpers durch das Präparat ist.

Weisen Sie nach, dass $F_d(x) = \frac{-d^2}{100}(x + d)e^{-\frac{x}{d}}$ eine passende Stammfunktion zu f_d ist.

Geben Sie die Werte für die Belastung im Zeitraum von 12 (720min) Stunden nach Einnahme für $d = 100$ und $d = 150$ an.

Untersuchen Sie, ob $\lim\limits_{x \to \infty} \int_0^x f_d(t)dt$ existiert. Interpretieren Sie das Ergebnis im Sachzusammenhang.

Formulieren Sie eine Modellkritik.

nach NW Analysis II, S.282, 978-3-507-85804-6